股权控制战略：
如何实现公司控制和有效激励

（第 2 版）

周晓林　董冬冬　孙在辰◎著

人民邮电出版社

北京

图书在版编目（CIP）数据

股权控制战略 ： 如何实现公司控制和有效激励 / 周晓林，董冬冬，孙在辰著. -- 2 版. -- 北京 ： 人民邮电出版社，2024. -- ISBN 978-7-115-65250-8

Ⅰ. F279.246

中国国家版本馆 CIP 数据核字第 2024R1C530 号

内 容 提 要

本书共九章，分别从创办公司的基础知识、股权架构设计与激励、股权转让、公司决策与股东纷争、公司章程与印章、公司投融资、公司收购与担保、公司上市、公司破产清算九个层面进行讲解，内容深入浅出，可以帮助读者系统地阅读和理解。为了让读者对公司股权控制等问题有更深刻的认识，本书还链接了相关规定、条文，供读者随时查阅。

本书适合的读者群体为：创业者，准备创业的人，中小企业管理者，大中型企业高层、管理者，企业人力资源管理者等相关从业者；与公司股权设计相关的法律服务等行业从业者；公司股权研究人员；公司股权研究爱好者等。

◆ 著　　　　周晓林　董冬冬　孙在辰
　责任编辑　李士振
　责任印制　周昇亮

◆ 人民邮电出版社出版发行　　北京市丰台区成寿寺路 11 号
　邮编　100164　电子邮件　315@ptpress.com.cn
　网址　https://www.ptpress.com.cn
　涿州市京南印刷厂印刷

◆ 开本：880×1230　1/32
　印张：8　　　　　　　　　2024 年 11 月第 2 版
　字数：258 千字　　　　　　2024 年 11 月河北第 1 次印刷

定价：89.80 元

读者服务热线：(010)81055296　印装质量热线：(010)81055316
反盗版热线：(010)81055315
广告经营许可证：京东市监广登字 20170147 号

做不好股权架构，你很可能倒在半路

作为一名深扎于创业与组织管理、企业并购的研究者，我深入地观察并参与这次创业浪潮。从 2014 年开始的新创业浪潮，在管理领域具有非常明显的特点：与上一次创业浪潮相比，新时代的创业浪潮更具有现代企业的特质，合股经营、股权架构已经有了非常清晰的规划，"野蛮式架构"已经不复存在。尤其是一批拥有高学历和海外教育背景的年轻人逐渐成为创业的主力军，中国企业的股权框架体系越来越与世界接轨。因为中国企业股权架构呈现出交叉复杂的特点，照搬欧美企业的股权架构根本行不通。

颠覆过去企业的股权架构，又与欧美企业的股权架构有所不同，这是如今中国企业股权架构的特点。股权不仅仅关系着股东的收益，更关系着股东的权利与义务、法律风险、管理权限等。尤其是近年来，随着国家对创业支持力度的不断加大，创业门槛不断降低，越来越多的人加入创业浪潮之中，各类股权问题也纷至沓来。在研究新创业浪潮时我发现：股权问题产生的纠纷，呈递增之势。

如何解决股权架构问题，让所有的创业者将主要精力放在具体的企业经营上，是包括我在内的经济学者、创业观察者、相关专业教授都非常关注的话题。市面上关于创业的书籍有很多，但是关于股权架构管理的书籍却少之又少，这不免给人一种遗憾。所以，当受邀为本书作序时，我便欣然同意了。一方面是因为创业者特别需要这样的书来指导自己的行动；另一方面是因为，本书内容全面，对企业从初期发展到快速成长，再到上市的每一个时期的股权架构都进行了完善且详细的分析。尤其是大量案例的运用，可以让读者快速理解股权架构的意义、特点、风险等，帮助创业者在不同阶段针对不同问题进行有效解决。相比"学院派书籍",本书不枯燥、不乏味,对多数创业者来说,有着非常直接的参考意义。

2016 年的"万科事件",时至今日依然具有很高的参考价值。创始人王石虽然万般无奈,但最终还是不得不因为股权纷争而离开万科。这一案例,我在课堂上曾向学员多次分享,它为我们敲响了警钟——做不好股权架构设计,那么"万科事件"依然会一而再、再而三地上演。随着中国经济社会的发展,创业环境必然会进一步优化,这是国家层面给予创业者的东风,要想站在这一风口之上,在做好自身项目运营的同时,还要让企业内部的股权架构合法、合规、合理,以保证每一位股东的权益,使股权架构处于稳定状态,这样,企业才能成功,真正与世界级企业"掰手腕"!

龚焱

中欧国际工商学院创业管理实践教授

中欧创业管理课程主任

中欧创投营联席课程主任

你或许能成为下一个可口可乐与联合利华

我很庆幸，能为本书作推荐序。一家企业的成功是多方面的，大到全球化战略思维、小到一个部门的具体流程，牵一发而动全身。而这一切，都建立在稳定的股权架构之上，股权架构是一家企业的骨骼，一旦股东之间陷入争斗，便会直接导致各种决策无法得到有效贯彻。在我观察过的众多企业中，很多企业最终倒闭并非因为业务能力不强，而是因为股权架构不明晰、隐患过多，这些问题经过长时间的积累会最终爆发。若股东之间存在无法调和的矛盾，或将导致企业无法正常运营，或将在融资、投资阶段产生意见分歧而无法消除，最终使企业丧失极佳的上升机会。

可共患难，不可同富贵。在漫长的历史上，这样的故事不在少数。直到今天，类似的故事依然在上演。如果解决不好股权分配、股权架构的设计等问题，企业很可能因此倒闭。

中国企业的创新能力、业务研发能力、市场开拓能力，与世界级企业并无差异，我曾服务于阿尔卡特、艾默生电气、联合利华、可口可乐、中国银联、中国工商银行、宝钢等诸多国内外企业，我惊讶地发现：中国企业的思路与能力并不落后，甚至在创新领域有着超越大企业的能力！但很多时候，因为股权架构的问题，企业内部纷争不断，一些优秀甚至伟大的创意被忽视、被淘汰。与那些有百年历史的企业相比，中国企业缺乏的正是稳定的股权架构。

不要忽视股权架构的意义，股权架构不仅关系着收益权，还关系着企业的管理、未来的规划、现实的方案落地、即将进行的融资计划等。伟大的企业之所以百年不衰，很大程度上并非单纯因为产品品质高，还因为其拥有一个稳定的发展规划，可以几十年向着同一个目标不断前行。而稳定的发展规划正是中国很多新兴企业所缺乏的。有残缺、有漏洞的股权架构是导致企业缺少稳定发展规划的罪魁祸首。

本书罗列了众多或大或小的股权纷争案例，既可以服务于创业初期的创业者，也能够给发展规模已经扩大的企业的管理者提供参考。结合相关法律规定，分析不同企业出现的各类实际情况，能从中找到规避股权风险、创建合理股权架构的思路。合理的股权架构，是一家企业的根基，根扎得深，未来才能建起摩天大楼。希望每一位读者都能从本书中找到自己的方向。我相信，你们的企业很可能是下一个可口可乐与联合利华！

徐家力

中国政法大学博士生导师

自序

股权是什么？从广义上来讲，股权就是股东得以向公司主张的各种权利；从狭义上来讲，股权是指股东基于股东资格而享有的、从公司获得经济利益并参与公司经营管理的权利。股权架构，直接决定了一家公司的稳定性：公司股东之间不断争斗，将直接影响公司的正常运转。这一点，相信所有企业家都深有体会。

管理学中有一句名言："上层建筑决定下层结构。"股权架构，就是公司的上层建筑。大股东与大股东之间、大股东与小股东之间只有保持稳定的平衡，公司才能将宝贵的精力投入正常运营之中，才能始终向着既定方向发展。

看看那些优秀的公司，如华为、小米、大疆……它们能够在近年来异军突起，并保持较高的利润增长率，在全球范围内不断拓展市场，关键就在于其股权架构非常稳定，保证了公司高层制定的长远规划不会被轻易打破，使公司始终朝着正确的方向前行。

市场需要一本能帮助企业家深刻理解股权、合理设置股权架构、有效控制公司股权的书。本书将公司法以一种更直接、清晰的方式呈现给读者，能让企业家认识到股权是什么、股权架构对公司的意义、股权控制方面的注意事项等。

根据万科股权争夺案、山水水泥印章争夺案等真实的案例，我希望越来越多的企业家能够认识到公司股权架构管理的重要性。在公司成立初期，往往强调的是核心领导的权威和项目的强力执行；但当公司步入正轨，这种管理体制过于依赖个体，一旦个体的权力发生变动，极易引起公司动荡，进而导致公司经营陷入困境。管理体制问题是公司要解决的关键问题。另外，如何保护股东权益也是本书的重点内容。

同时，商场如战场，企业家不妨从本书中寻找自己的影子，从公司设立、章程设计、股权转让、公司变更到公司治理，从企业家刑事风险、小股东利益保护到公司债权债务、公司解散，等等，从别人的经历中汲取经验，从众多的法律故事中思索公司的未来。

本书是一本紧跟公司法前沿的知识书，书中结合了新出台的法律法规，如《中华人民共和国民法典》《最高人民法院关于适用〈中华人民共和国公司法〉若干问题的规定（四）》（以下简称《公司法司法解释（四）》）、《最高人民法院关于适用〈中华人民共和国公司法〉若干问题的规定（五）》（以下简称《公司法司法解释（五）》）、2023年修订的《中华人民共和国公司法》等法律法规，尤其是《公司法司法解释（四）》，其对股东知情权、公司决议效力、利润分配请求权、股权转让、股东代表诉讼等问题的针对性更强。结合上述法律法规，本书能让读者真正了解与掌握相关法律法规的应用场景与注意事项。

值得注意的是，公司股权治理不但是一个法律课题，而且在产业更迭、商业模式演变与科学技术进步的推动下，不断被赋予新的内涵。比如，公司治理永远处于股东、客户、员工三边博弈中。商业治理的价值观与顺位，一直处于动态调整的过程中。杰克·韦尔奇的治理思想是股东利益最大化，但这个商业思想盛行了不到30年，就产生了诸多问题。因为股东利益最大化，将会损害公司的长期发展。从2008至2009年，基于互联网的勃兴，股东利益最大化这个观念逐渐淡出人们视野，"用户第一"的理念开始兴起。当下商业基于"人才就是一切"的观念，把员工放在公司的第一位。股东、客户、员工这三边始终在博弈，但是，在区块链时代，三者间的矛盾将得到有效解决。因为区块链以保障交易的透明、公开、即时性、公信力等为技术特征，以通证作为交易媒介，会重塑公司股权关系，推动公司结构的变化。在未来的新模式下，公司治理将呈现一种全新的关系，三位一体，重叠交叉，关系模糊，即客户≈员工≈股东，以推动公司价值的实现。

本书的写作历经两年。鉴于笔者能力有限，书中难免有不足之处，敬请读者谅解。希望本书能够帮助企业家提升公司的运营能力，在做好股权管理的基础上，不断将公司做大、做强、做久！

前言

随着市场经济发展的不断深入，越来越多的人走上了创业之路。在众多创业者中，有的人科研能力过硬，有的人市场营销能力超强，有的人具有丰富的公司管理经验，他们在各自的领域通过发挥自身的优势，创造出了一个又一个商业奇迹。

然而，在这背后，有几个关键点是很多创业者都不容易掌握的。公司股权如何控制？在公司里，自己处于怎样的地位，是大股东还是小股东？能否在经营理念、发展方向、融资计划等方面与合伙人达成一致？

本书以从创办公司到公司上市为纵线，以问题阐释、案例分析、解决方法、理论延伸为横线，全面而翔实地阐释了公司运营与股权控制过程中的关键点与核心细节。在案例选择方面，除了接地气的常见案例，本书还选用了读者熟知的大公司股权控制案例，以从不同层次阐释股权控制的理论与方法。本书理论与案例巧妙融合，方法与策略切实可行，能让读者快速入手，边学边用。本书也链接了很多规定、条文等，可做手边的备查宝典。

（1）本书的框架逻辑如图 0-1 所示。

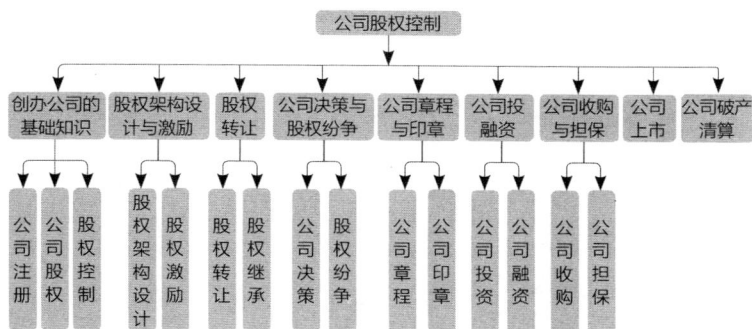

图 0-1　本书的框架逻辑

（2）本书的特色如下。

①本书的案例非常丰富，可借鉴性强。

②本书结合了新出台的法律法规，如《中华人民共和国民法典》《公司法司法解释（四）》、2023年修订的《中华人民共和国公司法》等法律法规，尤其是《公司法司法解释（四）》，其对股东知情权、公司决议效力、利润分配请求权、股权转让、股东代表诉讼等问题的针对性更强。本书内容极具操作性，是指导企业家进行公司股权控制的宝典。

③本书的各个部分衔接紧密，深入浅出，理论与方法结合，易学易用，且图表丰富，便于阅读学习。

（3）本书适合的读者群体如下。

①急需学习股权相关知识的创业者及准备创业者。

②想合理、牢固地控制股权的中小企业经营者、股东。

③需设计高效的股权架构的企业人力资源管理者。

④股权设计律师、股权研究者等公司相关行业从业者。

目录

推荐序一　做不好股权架构，你很可能倒在半路

推荐序二　你或许能成为下一个可口可乐与联合利华

自序

前言

第1章　创办公司前，应该知道的那些事儿

1.1　注册公司前应该知道的关键点 …………………… 2

1.1.1　注册股东是不是越多越好 ………………………2

1.1.2　股东能否随意撤资 ………………………………3

1.1.3　股东出资协议与公司章程的关系 ……………… 6

1.1.4　公司注册失败该如何处理 ……………………… 15

1.2　公司股东应该掌握的知识点 ………………… 18

1.2.1　如何认识公司法人人格混同和法人人格否认 … 18

1.2.2　股东抽逃出资该如何处理 ……………………… 22

1.2.3　股东出资有瑕疵如何处理 ……………………… 25

1.2.4　隐名股东与显名股东的权利与义务 …………… 30

1.3　公司股权如何控制 ………………………… 33

1.3.1　同股同权与同股不同权 ………………………… 33

1.3.2　股份期权和虚拟股权 …………………………… 35

1.3.3　股权代持后，隐名股东权益认知 ……………… 35

1.3.4　隐名股东如何合法维护自身权益 ……………… 39

第2章 公司股权架构设计的相关内容

2.1 **股权架构为何如此重要** ······················· 46

2.1.1 股权架构事关公司顶层设计 ············· 46

2.1.2 股权架构不明引发的纷争 ················ 48

2.2 **股权架构的类型与分配策略** ················ 49

2.2.1 如何设计股权架构的类型 ················ 49

2.2.2 如何制定合理的分配策略 ················ 52

2.2.3 寻找合伙人的五个原则 ··················· 54

2.3 **公司运营中常见的几种情形及解决办法** ········ 55

2.3.1 如何防止股东/合伙人翻脸 ············· 55

2.3.2 未成年人是否可以成为股东 ············· 57

2.3.3 中小股东如何保障自身合法权益 ········· 59

2.3.4 大股东恶意控制公司，拒绝分红怎么办 ····· 63

2.3.5 签订干股协议，如何分红 ··············· 68

2.3.6 易引发风险的六大问题及应对措施 ········· 70

2.4 **股权架构设计中的退出机制** ················ 72

2.4.1 退出机制的重要性 ····················· 72

2.4.2 如何设计完美的合伙人/股东退出机制 ······ 73

第3章 股权转让的相关内容

3.1 **如何应对公司的股权转让** ················· 75

3.1.1 公司法中有关股东转让股权的规定 ········· 75

3.1.2 股东转让股权时没告知其他股东怎么办 ······ 76

3.1.3 大股东编造虚假股权协议书该如何处理 ······ 80

3.1.4 股东之间的股权转让 ··················· 83

3.2 如何应对夫妻间的股权转让 ·················· 84

   3.2.1 共有股权夫妻一方能否自行处置 ··········· 84

   3.2.2 夫妻一方转移、隐匿股权，离婚阶段应如何

        处置 ················· 88

3.3 如何应对公司股权继承状况 ·················· 91

   3.3.1 大股东出意外后其名下股权如何处理 ········ 91

   3.3.2 有特殊规定的股权如何继承 ·············· 93

第4章 如何处理公司决策与股东纷争

4.1 股东会与董事会 ····················· 96

   4.1.1 股东会的职责 ···················· 96

   4.1.2 董事会的职责 ···················· 98

4.2 股东会召开与股东会决议 ················· 98

   4.2.1 股东可否委托别人参加股东会 ·········· 98

   4.2.2 股东会决议如何传达才有法律效力 ··········101

4.3 解决大小股东纷争的策略 ················· 107

   4.3.1 大股东抽资如何处理 ················107

   4.3.2 大股东引入风险投资如何处理 ···········111

   4.3.3 大股东如何强化控制权 ··············113

4.4 法定代表人的权利与义务 ················· 114

   4.4.1 法定代表人是否要承担连带责任 ·········114

   4.4.2 挂名法定代表人是否要担任刑事责任 ········118

   4.4.3 如何更换法定代表人及董事 ···········120

第 5 章 如何控制公司章程与印章

5.1 **公司章程的意义及基本特征** ·················· 124

 5.1.1 公司章程的法律意义 ·················124

 5.1.2 公司章程的基本特征 ··················125

5.2 **公司章程控制策略** ·················· 139

 5.2.1 公司章程中如何约定股东责任 ··················139

 5.2.2 公司章程中关于股权转让的强制性条款是否

  有效 ··················143

 5.2.3 公司章程中有关分红权和表决权的约定 ·····145

5.3 **公司印章控制策略** ·················· 147

 5.3.1 有人私自拿走印章等该如何处理 ··········147

 5.3.2 内部职能部门拿公司印章做担保，公司是否

  应该担责 ··················150

 5.3.3 公司印章被盗用该如何处理 ··················154

 5.3.4 法定代表人私自盖章进行对外担保该如何

  处理 ··················157

第 6 章 公司资金控制策略

6.1 **公司股权融资的策略与步骤** ·················· 162

 6.1.1 股权融资的关键四步 ··················162

 6.1.2 股权融资的正确流程 ··················163

 6.1.3 股权融资的方式 ··················164

 6.1.4 股权融资的投资人调查及选择 ··················166

 6.1.5 如何做好公司估值 ··················168

 6.1.6 股权融资中的法律问题 ··················170

6.2 **公司贷款控制策略** ·· 171

 6.2.1 公司办理贷款时是否能提交虚假材料 ········171

 6.2.2 公司贷款无法偿还该如何处理 ············· 174

 6.2.3 以公司名义向银行贷款后转借他人该如何

   处理 ·· 178

6.3 **公司民间融资控制策略** ································· 183

 6.3.1 公司是否可向不特定对象融资 ············· 183

 6.3.2 公司如何进行民间融资才合法合理 ·········· 187

6.4 **公司减资控制策略** ·· 192

 6.4.1 公司减资的流程及所需资料 ··············· 192

 6.4.2 公司减资时的股东权利与义务 ············· 193

6.5 **公司其他人员资金控制策略** ···················· 196

 6.5.1 公司高管伪造合同并截留资金该如何处理 ···196

 6.5.2 公司高管私自挪用资金该如何处理 ·········· 198

第7章　公司收购与担保控制策略

7.1 **如何挑选转让方，保障公司的最大利益** ······ 203

 7.1.1 转让方选择的原则与方法 ·················203

 7.1.2 小股东如何维护自身的权益 ·················204

7.2 **公司担保控制策略** ·· 205

 7.2.1 公司在什么情况下可以做担保 ············· 205

 7.2.2 担保方公司违约该如何处理 ·················206

7.3 **股权收购与投资的相关条款与合同** ·········· 210

 7.3.1 先决条件条款 ·······························210

 7.3.2 承诺与保证条款 ·····························211

7.3.3　交易标的和支付条款 ·················212

7.3.4　过渡期间损益归属以及未分配利润处理条款 ···212

7.3.5　治理结构条款 ·················213

7.3.6　反稀释条款 ·················214

7.3.7　估值调整条款 ·················215

7.3.8　优先清算条款 ·················216

7.3.9　出售权条款 ·················217

第8章　公司上市的相关内容

8.1　股权改造与合法合规结构 ·················219

8.1.1　什么是企业上市 ·················219

8.1.2　企业上市的条件与流程 ·················220

8.1.3　企业上市改造的程序 ·················221

8.1.4　如何让企业具备合法合规的股权结构 ·······222

8.2　时机选择：如何让企业获得更高市盈率 ·····223

8.3　板块选择：根据企业实际情况选择
"合身板" ·················224

8.4　股权转让：上市后股权如何流动 ··············225

第9章　公司破产清算控制策略

9.1　公司破产清算流程 ·················229

9.2　公司破产清算时依然签订合同，股东如何承担
责任 ·················231

9.3　公司破产清算时的责任与义务 ···············234

第 1 章

创办公司前，应该知道的那些事儿

在公司创立和运营之初，创业者总会遇到各种问题：员工招不来、管不好、留不住；合伙人平分股权，没有真正的公司控制人；投资人、资源承诺者成了大股东，其他优秀合伙人和后续资本无法进入；很多拥有好团队、好产品的公司，因为股权问题难以为继……这都是因为在创立公司的时候，很多创始人并不懂得如何创立和运营公司。

1.1 注册公司前应该知道的关键点

1.1.1 注册股东是不是越多越好

很多创业者在注册公司时，都希望有多个股东，每位股东可以发挥自身的长处，有助于公司快速发展壮大。但股东真的越多越好吗？

王先生与几个好友决定成立一家广告公司。最初团队只有三个人，其余两名股东郑先生与郭先生表示，人多力量大，应当团结那些实力很强的人，所以他们不断邀请自己的好友加入团队。结果，团队成员一度多达12个，每个人都有自己的想法，他们花了一个月的时间都没有确定好具体的经营方向；好不容易确定了经营方向，又因为各自的空余时间不统一，导致注册事宜一再拖延。

看了王先生的案例，我们可以明确一点，在公司注册阶段，注册的股东过多，除了会导致程序烦琐，还会给股权分配、股权的动态调整带来麻烦。如果股东的问题导致公司注册失败，下一步的项目发展就无从谈起。

那么，该如何规避注册股东人数过多的问题呢？

①无须等到股东完备再注册公司，哪怕创业者目前单枪匹马，也可以先注册公司。股份有限公司也可以由一人设立。一人设立的股份有限公司中，由单一股东行使股东会权利。

②随着公司的发展，可以根据实际情况确定其他股东，再进行公司股东信息变更登记。

　　▯ 关键知识链接 --

《中华人民共和国公司法》第二十九条

设立公司，应当依法向公司登记机关申请设立登记。

法律、行政法规规定设立公司必须报经批准的，应当在公司登记前依法办理批准手续。

《中华人民共和国公司法》第六十六条

股东会的议事方式和表决程序，除本法有规定的外，由公司章程规定。

股东会作出决议，应当经代表过半数表决权的股东通过。

股东会作出修改公司章程、增加或者减少注册资本的决议，以及公司合并、分立、解散或者变更公司形式的决议，应当经代表三分之二以上表决权的股东通过。

1.1.2　股东能否随意撤资

很多人在创立公司时会找一些合伙人，希望通过大家的共同努力将公司办好。出于种种原因，这些合伙人成为股东后，未必能齐心协力，可能会导致公司出现很多问题，例如股东撤资。

陈先生和曹先生是大学同学，毕业后两人合伙开了一家广告公司，陈先生占股 60%，曹先生占股 40%。一开始公司的业务发展得不错，但由于项目跟进的问题，一个重要项目没有按期完成，公司陷入困境，两人都不甘心，希望能把公司做大做强。

经朋友介绍，他们认识了刘先生，刘先生很认同他们的运营理念和规划，同意入股。经过谈判，陈先生和曹先生各出让 15% 的股权给刘先生，即陈先生占股 45%，曹先生占股 25%，刘先生占股 30%。

刘先生注资后，公司并没有大的起色，经过一年的运作，公司还是处于亏损状态。曹先生找到陈先生，表示想撤资。陈先生很为难，一边是多年的情谊，一边是公司的现实困境。那么，陈先生可否将钱直接退给曹先生呢？

上述案例中的问题，是很多中小公司在注册后普遍会遇到的问题。但是很多公司创始人并不知道该如何处理这种问题。甚至有些创始人会直接将钱退给股东。

现实情况是，陈先生无权直接将钱退给曹先生。

因为《中华人民共和国公司法》第五十三条第一款明确规定：公司成立后，股东不得抽逃出资。

《中华人民共和国公司法》做出这样的规定，实质上是为了促进公司合法经营、积极运营及对公司债权人进行保护。公司成立后，股东随意撤资容易引起公司经营不稳定，而且必然会损害公司债权人的合法利益。

所以说，陈先生不能将出资直接退给曹先生，否则，不但曹先生会涉嫌抽逃出资，公司也将面临罚款，陈先生还要承担相应的法律责任。

□ 关键知识链接 --

《中华人民共和国公司法》第二百五十三条

公司的发起人、股东在公司成立后，抽逃其出资的，由公司登记机关责令改正，处以所抽逃出资金额百分之五以上百分之十五以下的罚款；对直接负责的主管人员和其他直接责任人员处以三万元以上三十万元以下的罚款。

《最高人民法院关于适用〈中华人民共和国公司法〉若干问题的规定（三）》第十二条

公司成立后，公司、股东或者公司债权人以相关股东的行为符合下列情形之一且损害公司权益为由，请求认定该股东抽逃出资的，人民法院应予支持：

（一）制作虚假财务会计报表虚增利润进行分配；

（二）通过虚构债权债务关系将其出资转出；

（三）利用关联交易将出资转出；

（四）其他未经法定程序将出资抽回的行为。

《最高人民法院关于适用〈中华人民共和国公司法〉若干问题的规定（三）》第十四条

股东抽逃出资，公司或者其他股东请求其向公司返还出资本息、协助抽逃出资的其他股东、董事、高级管理人员或者实际控制人对此承担连带责任的，人民法院应予支持。

公司债权人请求抽逃出资的股东在抽逃出资本息范围内对公司债务不能清偿的部分承担补充赔偿责任、协助抽逃出资的其他股东、董事、高级管理人员或者实际控制人对此承担连带责任的，人民法院应予支持；抽逃出资的股东已经承担上述责任，其他债权人提出相同请求的，人民法院不予支持。

需要特别指出的是，有限责任公司的股东不能随意撤资，但可以通过股权转让的方式将自己的股权转让给其他股东或股东以外的第三人。所以，案例中的曹先生只能通过股权转让的方式收回出资。

总体而言，有 4 种方式可以实现股东撤资，如图 1-1 所示。

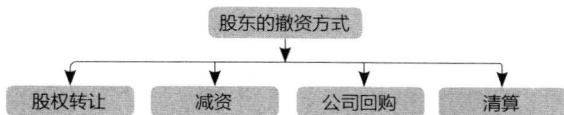

图 1-1 股东撤资的 4 种方式

①股权转让。股权转让是股东撤资最简便的办法之一。

②减资。减资是以公司减少注册资本的方式进行撤资，也是合法的撤资方式，但是公司减少注册资本，必须履行一定的议事程序和表决程序，还要进行公告、通知债权人。

③公司回购。在达到一定条件的情况下，股东可以要求公司回购其股权。

④清算。清算是通过公司解散或破产清算，对公司资产进行回

收的方法。这种方法很少被使用，除非公司无法正常经营。

　　□ 关键知识链接 --------------------------------------

　　《中华人民共和国公司法》第八十四条

　　有限责任公司的股东之间可以相互转让其全部或者部分股权。

　　股东向股东以外的人转让股权的，应当将股权转让的数量、价格、支付方式和期限等事项书面通知其他股东，其他股东在同等条件下有优先购买权。股东自接到书面通知之日起三十日内未答复的，视为放弃优先购买权。两个以上股东行使优先购买权的，协商确定各自的购买比例；协商不成的，按照转让时各自的出资比例行使优先购买权。

　　公司章程对股权转让另有规定的，从其规定。

1.1.3　股东出资协议与公司章程的关系

　　股东出资协议，顾名思义，是股东为了出资达成的一种协议，是一种运营契约，是股东就未来的投资、运营和分红达成的一种约定。

　　公司章程是指公司依法制定的，规定了公司名称、住所、经营范围、经营管理制度等重大事项的基本文件，也是公司必备的规定公司组织及活动基本规则的书面文件。

　　与股东出资协议相比，公司章程的约定内容可能没有那么细致，或者可能对一些问题没有涉及。若出现股东出资协议与公司章程不一致的情况，究竟以哪个为准呢？

　　蔡先生一直从事医药生物行业，由于爱好钻研，其 3 项发明都获得了国家颁发的发明专利，他一直希望能找到合适的合作伙伴，将他的专利推广普及。

　　蔡先生在一次展销会上认识了华先生，华先生对蔡先生展示的几项专利非常感兴趣。华先生提出自己出资 1000 万元，蔡先生用专利投资，作价 500 万元，共同成立一家公司。华先生说："我可以前期先投入 200 万元，待公司运营步入正轨后，你再将 500 万专利投资投入公司。"这个方案对蔡先生来说非常合适，于是，他接受了华先生的邀请。

蔡先生和华先生签订了合作投资协议书，约定如下。①华先生投资 1000 万元，蔡先生用专利投资 500 万元。②华先生占股 80%，蔡先生占股 20%。前期投入的 200 万元全部由华先生出资，华先生在 1 年内分期将剩余的 800 万元出资到位，待公司运营步入正轨后，蔡先生以专利出资 500 万元进入公司。③工商注册登记上华先生占股 80%，蔡先生占股 20%。

协议签订后，华先生按照约定将 200 万元用于公司的注册和运营，工商登记上华先生占股 80%，蔡先生占股 20%。

但好景不长，由于技术运营方案的问题，蔡先生和华先生产生冲突，华先生以各种理由不再继续出资，让公司陷入困境。蔡先生要求华先生继续出资，华先生却跟蔡先生说："公司成立后，公司章程就代替合作投资协议书，是否继续出资应当按照公司章程办理。"

公司章程中没有约定华先生应继续出资，那么，蔡先生能否按照合作投资协议书要求华先生继续出资呢？

公司章程与股东出资协议并不冲突。蔡先生可以要求华先生按照合作投资协议书继续出资。

股东出资协议是股东为成立公司而达成的一致协议，协议对股东的内部权利和义务进行了规范，其目的是最终成立公司，并分配各出资方的权利和义务。

公司章程是法律规定的设立公司的必备要件，是公司的根本准则，公司的基本规则由公司章程确定。

☐ 关键知识链接 -----------------------------

《中华人民共和国公司法》第五条

设立公司应当依法制定公司章程。公司章程对公司、股东、董事、监事、高级管理人员具有约束力。

股东出资协议与公司章程有相同的内容，如公司名称、注册资本、经营范围、股东出资比例等，但两者又有本质的区别，不能简单地认为设立公司章程后，公司章程就可以取代股东出资协议。

股东出资协议与公司章程的相同点与区别如表 1.1-1 所示。

表 1.1-1　股东出资协议与公司章程对比

对比项	相同点	区别	
		效力范围	性质
股东出资协议	公司名称 注册资本 经营范围 股东出资比例	限于签订协议的股东之间	法律不要求公司必须设立
公司章程		对公司所有人员均具有约束力	法律要求公司必须设立
总结	公司章程约束公司本身，而股东出资协议约束的是签订协议的股东的内部权利和义务		

¤ 关键知识链接 --

《中华人民共和国公司法》第四十九条

股东应当按期足额缴纳公司章程规定的各自所认缴的出资额。

股东以货币出资的，应当将货币出资足额存入有限责任公司在银行开设的账户；以非货币财产出资的，应当依法办理其财产权的转移手续。

股东未按期足额缴纳出资的，除应当向公司足额缴纳外，还应当对给公司造成的损失承担赔偿责任。

蔡先生与华先生共同签订合作投资协议书是双方自愿的行为，且协议中并没有法定的无效情形，应当被认定为合法有效的协议。在协议中蔡先生与华先生明确了出资的金额和出资的顺序，华先生也已按照合作投资协议书投入前期资金，因此，蔡先生完全可以依照协议的约定，要求华先生继续履行出资义务。需要注意的是，华先生拒绝继续出资的行为已经构成法律上的违约，蔡先生可以要求华先生承担股东出资违约责任。

股东出资协议是发起人之间订立的约定公司设立事项的协议，其宗旨与目的是创设公司，对公司的成立有着至关重要的作用，股东出资协议需要重视资格、出资额及出资方式、出资时间和股东之间的责任等要素，如图 1-2 所示。

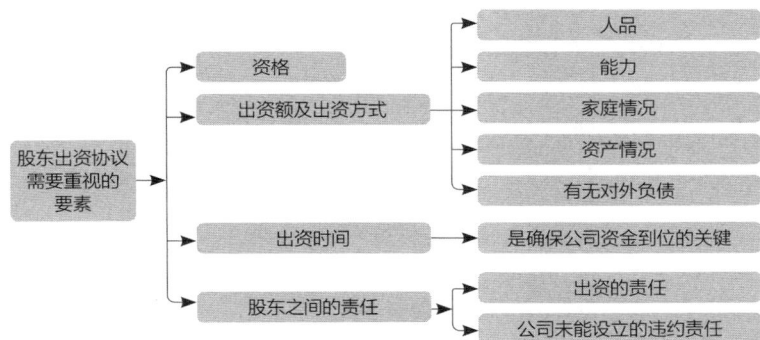

图1-2　股东出资协议需要重视的要素

★　**附件：股东出资协议参考模板及条款解释**

甲方：

身份证号：

乙方：

身份证号：

丙方：

身份证号：

遵照《中华人民共和国公司法》及有关法规规定，本着平等互利的原则，经各出资人友好协商，一致决定共同发起设立 [　　] （以下简称公司或本公司），特签订本协议。

甲、乙、丙三方，称为"出资人"或"股东"。

第一章 公司宗旨与经营范围

1.1 本公司的中文名称为：[   ]（此名称为暂定名，最终以市场监督管理局核准的名称为准）。

1.2 本公司的住所为：[   ]。

1.3 本公司的组织形式为：有限责任公司。

1.4 本公司的经营宗旨为：[   ]。

1.5 本公司的经营范围为：[   ]。

条款解释

本章主要介绍拟设立公司的相关信息，须按照实际情况填写。

第二章 注册资本及出资

2.1 本公司的注册资本为人民币 [   ] 万元整。

2.2 各出资人以货币、实物、财产权的方式分期出资，具体出资情况如下。

序号	出资人	出资额（万元）	出资方式	持股比例
1	甲方			
2	乙方			
3	丙方			

条款解释

本章主要介绍注册资本及出资方式。出资方式可以为货币出资和非货币财产出资等，持股比例为出资额占注册资本的比例，非货币财产包括知识产权、土地使用权、股权、债权、实物等可以用货币估价并依法转让的财产。

第三章 出资人的权利与义务

3.1 出资人的权利。

3.1.1 签署本公司设立过程中涉及的法律文件。

3.1.2 推举 [   ] 任本公司的董事，董事任期 3 年，任期届满可连选连任。

3.2 出资人的义务。

3.2.1 按照法律规定和本协议的约定，将认购本公司股份的资金及时、足额地划入为设立公司所指定的银行账户。

3.2.2 各发起人应于 [   ] 年 [   ] 月 [   ] 日前，将所出资的金额存入公司以下指定账户用于公司验资，注册资本待公司财务负责人到任后办理验资账户转基本账户手续。

账户名称：

账户账号：

开户银行：

3.2.3 实物及财产权出资的需办理评估、验资手续。其中，实物出资的需办理交付手续，财产权出资的需办理财产权转移手续。

3.2.4 出资人未能按照本协议约定按时缴纳出资的，除向本公司补足其应缴付的出资外，还应对其未及时出资行为给其他出资人造成的损失承担赔偿责任。

3.2.5 及时提供本公司申请设立所必需的文件材料。

3.2.6 出资人入职。

各出资人承诺，自本协议签署之日起 90 个工作日内，将全部精力投入公司的经营、管理中，并结束其他劳动关系或工作关系，经其他全部出资人书面同意的除外。

3.2.7 竞业禁止。

全体出资人承诺，其在公司任职期间及自离职起 [   ] 个月内，非经其他全部出资人书面同意，不得到与公司有竞争关系的其他用人单位任职，或者自己参与、经营、投资与公司有竞争关系的公司。

若各出资人有违反上述承诺的行为，则该行为所产生的归属该出资人的一切收益都归公司所有。

条款解释

本章主要针对出资人所享有的权利和应履行的义务进行了约定。出资人的权利方面，主要是对拟成立的公司的具体管理的分工安排。出资人的义务主要包括3方面：第一，关于出资方式，现金需转入指定账户验资，非现金则需要进行评估、验资；第二，出资人入职，出资人需在指定时间内参与公司管理，以确保公司管理体系的正常运转；第三，出资人竞业禁止，主要要求出资人忠诚于公司，不能损害公司利益。

第四章 筹备、设立与费用承担

4.1 公司的筹备工作由全体出资人共同进行，筹备期间的工作由各发起人一致推举 [　] 作为统一管理人，统一管理人具体经办本公司设立登记的相关事宜，筹备期间筹备人员不计报酬。

4.2 各出资人预交 [　] 元作为开办费用，其中甲方负担 [　] 元、乙方负担 [　] 元、丙方负担 [　] 元，各方应自本协议签订之日起 5 个工作日内交付至公司以下指定账户。

账户名称：

账户账号：

开户银行：

4.3 在本公司设立之后，各出资人同意将设立公司所产生的全部费用列入本公司的开办费用，由成立后的公司承担。这些费用包括但不限于：聘请代理机构代办公司注册的费用、租赁办公场地的费用等。

4.4 如本公司不能成立，各出资人一致同意承担以下责任：

本公司不能成立时，对设立行为所产生的费用和债务按各出资人的出资比例进行分摊，任何一方出资人存在过错致使本公司受到损害时，应当赔偿公司损失。

条款解释

本章主要讲解公司成立前期重要的事项，即对筹备、设立与费用相关工作的具体安排，除安排统一的管理人外，还约定了前期各出资人垫付的开办费用。在公司未能成立的情况下，本章对各出资人的责任进行了约定。

第五章 股权激励、回购、继承

5.1 各出资人一致同意，提取股权总额的 [   ]% 作为公司激励股权，公司前期由 [   ] 代持该部分股权。公司向员工发放股权进行激励的，另行制定股权激励制度。

5.2 公司与股东解除劳动合同，或者股东主动选择离职的，离职股东有权要求其他股东购买其股权，购买价格有以下两种参考标准。

第一种标准：股权对应的公司上一年度末的净资产。

第二种标准：股权对应的注册资本金。

5.3 各出资人一致同意，任一出资人去世，该出资人的继承人不能继承取得股东资格地位，其他出资人有权优先回购该出资人股权，其他出资人未在指定期限内回购股权的，由该出资人的继承人获得股权。

条款解释

本章主要对公司期权池及股东离职、股权继承等方面进行了约定，设置期权池的目的在于释放出一部分股权，激励高级管理人员，以确保公司高速发展。对出资人离职后股权回购和出资人去世后股权继承做上述规定，主要是为了维护公司现有出资人利益，尽可能排除其他人员加入，以确保公司的稳定。

第六章 出资人各方的声明和保证

本出资协议的签署各方做出如下声明和保证。

6.1 出资人各方均为具有独立民事行为能力的自然人，并拥有合法的权利或授权签订本协议。

6.2 出资人各方投入本公司的资金，均为各出资人所拥有的合法财产。

6.3 出资人各方向本公司提交的文件、资料等均是真实、准确和有效的。

6.4 若出资人中一方的违约行为，造成本公司迟延设立或未能成立，该出资人应当向其他出资人承担违约责任（违约金按[ ]元计算）。

条款解释

本章对各出资人的资格进行了约定，除约定出资人资格外，还约定如果某一出资人存在违约行为，还应当向其他出资人承担违约责任。违约责任的设置就是使用约束性条款，以保障股东出资协议正常履行。

第七章 其他

7.1 本公司的具体管理体制由本公司章程另行规定；本协议的相关事项在公司设立后仍然有效，除非全部股东另行签署新的股东出资协议。

7.2 各出资人所签订的其他文件或公司章程与本协议的约定冲突的，以本协议的约定为准，与法律或行政法规冲突的或全体出资人另行约定的除外。

7.3 各方可协商一致同意解除本协议，并就协议解除后的善后事宜做出妥当安排。

条款解释

本章主要对股东出资协议与公司章程之间的关系和优先性进行解释。公司章程是公司管理体制的根本性文件，股东出资协议则在出资人之间生效，公司章程设立后，股东出资协议并不会被替代，对出资人而言，股东出资协议受法律保护，出资人未按照股东出资协议履行的，应向其他出资人承担违约责任。

第八章 争议的解决

履行本协议过程中，出资人各方如发生争议，应尽可能通过协商途径解决。如协商不成，任何一方均可向 [   ] 人民法院起诉。

条款解释

本章为管辖权条款，如股东较多，则可以约定由公司所在地人民法院管辖。

第九章 协议的生效

本协议一式 [   ] 份，一份提交市场监督管理局备案，一份留存作为将来本公司的设立档案，其他由出资人各方各执一份，协议自各方签字或盖章之日起生效。

条款解释

股东出资协议不是市场监督管理局必备资料，但可以选择提交一份给市场监督管理局备案，市场监督管理局备案后，可视为向社会公示，协议内容不再简单地被认定为只有出资人知道。

甲方：（签字）

乙方：（签字）

丙方：（签字）

年　　　月　　　日

1.1.4　公司注册失败该如何处理

创业时代合作创业屡见不鲜，有人出钱，有人出技术，最终组成一个团队。但在公司筹备过程中，有可能出现注册失败的情况。那么，当公司无法成立时，出现的各种问题又该如何处理呢？

高先生在一次朋友聚会中认识了钱先生。钱先生表示，自己有社会资源，可以设立一家担保公司，但由于资金的原因一直未能践行，并询问高先生是否有兴趣成为发起股东。

高先生听后非常感兴趣，之后他与钱先生沟通过很多次，并向钱先生介绍了自己的朋友赵先生、李先生。钱先生向他们承诺：由他负责担保公司的经营许可证和成立事宜，高先生、赵先生和李先生三个人只需要将股权资金转给他即可。

随后，四个人签订了股东协议书，约定高先生占股 40%，赵先生占股 20%，李先生占股 20%，钱先生占股 20%。股东协议书中还约定指定日期前如未能成立担保公司，协议解除，钱先生退款。股东协议书签订后，三个人将所约定数额资金转给了钱先生。但到了指定日期，担保公司并未注册下来。高先生找钱先生要求退款，钱先生却说公司已经在注册过程中，无法退款。那么，面对这种情况，高先生是否可以要求退回出资？

在创立公司过程中经常会出现股东共同委托一个人负责设立公司的情形，这个负责筹备发起的人尽心尽力还好，若其不负责，就很可能会导致公司无法成立。

在这种情况下，股东可以要求退回出资。

这是因为，在公司成立前，股东协议书属于自然人之间的协议约定。当符合协议约定的解除条件时，协议履约方可以要求解除协议。公司发起人为达成共同成立公司的目的而签订的股东协议书受法律保护。

结合本案例，高先生与钱先生等人的股东协议书系各方自愿签订的，协议签订后，高先生等人也依照协议约定缴付了出资，但钱先生并未在指定的时间完成协议约定的公司设立，根据高先生等人与钱先生签订的协议，解除条件已经具备。

需要特别指出的是，协议中明确约定了由钱先生负责公司的组建和设立，在筹备期间产生的合理费用，应当从共同筹备的资金里扣除。

我们要明白一个事实：在公司筹备期间，共同设立公司的当事人之间从法律上来说属于合伙关系，各方当事人投入和积累的财产收益归所有当事人共同所有。需要特别指出的是，对发起人来说，为了确保权益得到及时救济，应当在股东发起协议中明确约定在指定时间之前各方应履行的义务。

▫ 关键知识链接 --------------------------------------

《中华人民共和国民法典》第五百六十二条

当事人协商一致，可以解除合同。

当事人可以约定一方解除合同的事由。解除合同的事由发生时，解除权人可以解除合同。

《中华人民共和国民法典》第五百六十三条

有下列情形之一的，当事人可以解除合同：

（一）因不可抗力致使不能实现合同目的；

（二）在履行期限届满前，当事人一方明确表示或者以自己的行为表明不履行主要债务；

（三）当事人一方迟延履行主要债务，经催告后在合理期限内仍未履行；

（四）当事人一方迟延履行债务或者有其他违约行为致使不能实现合同目的；

（五）法律规定的其他情形。

以持续履行的债务为内容的不定期合同，当事人可以随时解除合同，但是应当在合理期限之前通知对方。

《中华人民共和国民法典》第五百六十六条

合同解除后，尚未履行的，终止履行；已经履行的，根据履行情况和合同性质，当事人可以请求恢复原状或者采取其他补救措施，并有权请求赔偿损失。

合同因违约解除的,解除权人可以请求违约方承担违约责任,但是当事人另有约定的除外。

主合同解除后,担保人对债务人应当承担的民事责任仍应当承担担保责任,但是担保合同另有约定的除外。

1.2　公司股东应该掌握的知识点

1.2.1　如何认识公司法人人格混同和法人人格否认

随着公司设立门槛的下降,部分股东会试图通过关联交易来躲避债务。所谓关联关系,指的是公司控股股东、实际控制人、董事、高级管理人员与其直接或间接控制的企业之间的关系,以及可能导致公司利益转移的其他关系。

控股股东利用关联交易,很容易导致公司独立地位丧失。在这种情况下,债权人很可能会面临空壳公司而无计可施。遇到这种情况,"法人人格混同"与"法人人格否认"这两个名词就会备受关注,成为焦点话题。

云先生从事茶叶销售业务,从云南进茶销售,生意颇为红火。经朋友介绍,云先生认识了王先生。王先生表示,自己是甲公司的负责人,在多家卖场都有柜台,并邀请云先生参观了自己的办公区域和几个大的柜台。王先生向云先生表示希望采购 100 万元的云南茶叶。

由于货物价值比较大,云先生非常重视此次交易,多次跟王先生洽谈。王先生提出双方是第一次合作,希望货到付款。为了拿下这个订单,云先生同意了王先生的提议,与王先生所在的甲公司签订了买卖合同。

合同签订后，云先生多次乘飞机前往云南考察，最终将货物顺利运到甲公司，王先生也多次表示以后要与云先生长期合作。

但让云先生没想到的是，甲公司使用王先生的个人账户给云先生转了30万元，随后迟迟不再付款。云先生每次去找王先生，王先生都是一句话："等有钱了一定第一时间支付。"再后来，王先生干脆就不接电话了。云先生非常生气。

有一次，云先生去甲公司要账的时候发现了一个线索：甲公司位于一栋二层小楼，而这栋楼的一楼入口处挂着乙公司的牌子。

云先生立刻查询了乙公司的工商信息，发现甲公司的股东和乙公司的股东都是王先生及其妻子，两家公司的法定代表人都是王先生，注册登记地都是这栋楼。

顺着这个线索，云先生继续调查，发现自己卖给甲公司的云南茶叶，在一些商场里以乙公司的名义在销售，网络上两家公司的销售电话、联系人、办公地址都是相同的。

很快，云先生一个朋友告诉了他这样一个消息：甲公司和乙公司使用的都是以王先生个人名义开通的银行卡，只不过是在不同银行开通的卡。朋友还告诉他，王先生很可能是以甲公司的名义进货，然后以乙公司的名义销售的。王先生控制的这两家公司，乙公司账上有钱，甲公司账上没钱。

云先生想要起诉王先生和甲公司，这时他有一个疑问：可否将乙公司列为共同被告？

在这起案例中，云先生可以将乙公司列为共同被告。

因为，王先生控制的这两家公司构成法人人格混同。

通常来说，签订合同后，承担责任的主体只能是签订合同的双方，这在《中华人民共和国民法典》中被称为合同的相对性原则。但承担责任的主体也有例外，关联公司人格混同就是一个典型。在司法实践中关联公司模式非常普遍：实际控制人设立若干公司，并完全控制全部公司的运营。从外在形式上看，这种模式属于"一套人马、两套牌子"。

这起案例，在现实中十分常见。所谓法人人格混同，是指实际控制人利用了公司的独立地位和股东的有限责任，将多家独立的公司一起运营，导致账目混乱、经营混乱。

实际控制人恶意控制多家公司，使其财务失去平衡，而只由一家公司承担法律责任，显然违反了诚实信用和公平原则，也损害了债权人的利益。如果关联公司之间在财务管理、资金使用、人事关系上出现高度混同，就应当被认定为关联公司人格混同，关联公司应当承担连带赔偿责任。

ロ 关键知识链接 ---

《中华人民共和国公司法》第三条

公司是企业法人，有独立的法人财产，享有法人财产权。公司以其全部财产对公司的债务承担责任。

公司的合法权益受法律保护，不受侵犯。

《中华人民共和国公司法》第二十一条

公司股东应当遵守法律、行政法规和公司章程，依法行使股东权利，不得滥用股东权利损害公司或者其他股东的利益。

公司股东滥用股东权利给公司或者其他股东造成损失的，应当承担赔偿责任。

《中华人民共和国公司法》第二十三条第二、第三款

股东利用其控制的两个以上公司实施前款规定行为的，各公司应当对任一公司的债务承担连带责任。

只有一个股东的公司，股东不能证明公司财产独立于股东自己的财产的，应当对公司债务承担连带责任。

结合本案例，云先生与王先生控制的甲公司签订了买卖合同，理应由甲公司承担法律责任。但甲公司与乙公司之间存在人格混同的情况，主要理由如表 1.2-1 所示。

表1.2-1　甲公司与乙公司之间存在人格混同的情况

项目	内容
两家公司人员高度混同	两家公司均是王先生和他的妻子出资设立的，王先生担任两家公司的法定代表人，对两家公司均具有实际控制权，同时两家公司的经理、财务人员等管理人员均存在交叉任职的情况
两家公司业务混同	两家公司对外宣传的信息相同，所运用的渠道相同，在进货、销售环节存在资金、货物交叉的情况，可以简单地理解为甲公司负责进货，乙公司负责销售，两家公司更像是同一家公司的两个部门，而不是两家独立的公司
两家公司的办公地点、办公设施高度重合	两家公司实际上在一起办公，所使用的办公设施和市场资源高度一致，市场渠道也一致
两家公司财务混同	两家公司都使用王先生的个人银行卡作为公司账户，以王先生的签字作为报销依据，两家公司的资金及支配根本无法区别

因此，甲、乙两家公司属于关联公司，而且存在严重的人格混同现象，王先生借甲公司故意逃避合同义务或者法定义务，使用"金蝉脱壳"的伎俩，将优质资产转入乙公司，而将债务留在甲公司，严重损害了云先生的合法权益。所以应将甲公司和乙公司视为同一主体，共同偿还对云先生的欠款。

法人人格否认的目的是阻止公司独立人格的滥用和保护公司债权人利益及社会公共利益，就具体法律关系中的特定事实，否认公司独立的人格及股东的有限责任，责令滥用公司人格独立的股东对公司债务或公共利益承担连带责任，以实现公平、正义。

森本滋曾有过一段精辟解说："公司法人人格否认法理是指对照法人制度的目的，就某一公司而言，贯彻其形式的独立性被认定违反了正义、平衡的理念，并不对该公司的存在给予全面否定，而是在承认其法人存在的同时，只就特定事件否定其法人人格的机能，将公司与其股东在法律上视为同一体。"

法人人格否认，就是暂时性地否认公司法人人格，而将公司人格与其股东人格视为同一人格，即无视公司人格的屏障作用，穿透公司这堵墙（这层面纱），将股东拉出来为公司债务承担其出资额以外的责任。

现实中，很多公司由于其实际控制人一家独大，在运作上非常不规范，实际控制人将自己控制的两家或者多家公司当成了同一家公司的不同部门进行运作，导致各公司丧失了独立性，最终导致各公司之间承担连带责任。

想要避免人格混同与人格否认，消除公司发展中的隐患，要做到三点，如图1-3所示。

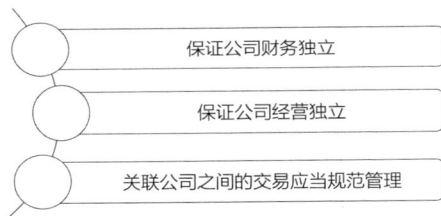

保证公司财务独立

保证公司经营独立

关联公司之间的交易应当规范管理

图1-3　如何避免人格混同与人格否认

1.2.2　股东抽逃出资该如何处理

2013年12月28日，第十二届全国人大常委会第六次会议审议并通过了公司法修正案草案，修改了公司法的12个条款，包括出资时间、出资额、出资方式等由股东在公司章程中约定，不再要求验资，取消有限责任公司和股份有限公司的最低注册资本要求，等等。

不过，不再要求验资这一更改让部分人对验资产生了错误理解：既然不需要验资了，那么就不会再有虚假出资或抽逃出资的困扰，股东也不会因此而承担任何责任。那么，实际情况是否真的如此？股东是否可以随意抽逃资金？

一次偶然的机会，崔先生与陈先生相识。陈先生是一家公司的管理者，主要做建筑工程，由于建筑工程占压资金比较多，他多次找到崔先生，希望崔先生借给他公司 200 万元，用于资金周转。崔先生对陈先生的印象较好，就答应了这一请求。

崔先生和陈先生的公司签订了借款协议，并将 200 万元转给了陈先生的公司，借款协议约定借款期限为一年。到了还款日，陈先生表示行业不景气，让崔先生再等等。

崔先生讨要无果，起诉陈先生的公司，法院判决崔先生胜诉。崔先生申请强制执行，却发现陈先生的公司是个空壳公司，没有任何资产。崔先生再次找到陈先生，陈先生表示自己只是公司的股东，公司欠钱跟他没有任何关系。

现在，崔先生有一个疑问：判决书上没有陈先生，自己是否可以以陈先生抽逃出资为理由，在执行阶段追加陈先生为被执行人？

根据相关法律规定，崔先生可以在执行阶段向法院申请追加陈先生为被执行人。

这是因为，陈先生已经涉嫌抽逃出资。认定股东抽逃出资行为，应当符合以下基本条件。

①形式要件。具体表现为将出资款转入公司账户验资后又转出、通过虚构债权债务关系将其出资转出、制作虚假财务会计报表虚增利润进行分配、利用关联交易将出资转出等情形。

②实质要件。具体表现为损害公司权益，也就是抽逃出资的行为让公司受损。

这两个条件缺一不可，陈先生的行为显然都具备。结合本案例，陈先生的公司被判决向崔先生偿还借款，判决后该公司无可供执行财产清偿崔先生的债务，符合追加被执行人的条件。陈先生作为股东，在增资时将资金转入公司账户验资后又转出，已经构成抽逃出资，陈先生应当对公司的债务在抽逃出资的范围内承担补充赔偿责任。

关于抽逃出资，相关法律也有明确规定：抽逃出资是指在公司成立时、经营过程中，股东将所缴纳的出资暗中转移，却仍保留股东身份和原有出资数额的一种欺诈违法行为。

常见的抽逃出资有以下两种。

①公司成立时，公司发起人将资金转入公司账户，在公司成立后，公司发起人将所出资金抽逃，并骗得公司成立。

②公司成立后，资产就变成了公司的财产，股东不能直接撤回自己的资本。如果股东直接将自己投入的资本从公司撤回，则构成抽逃出资。构成抽逃出资的，股东应当承担补充赔偿责任。

尽管新的公司法对验资有了新规定，但是必须保证资本维持原则。资本维持原则是公司法的一般原则，是指公司在其存续过程中应维持与其资本总额相当的财产，旨在保护债权人的利益。

在公司出资阶段，股东的出资方式分为货币出资和非货币财产出资，股东在采取非货币财产出资时，必须依法办理非货币财产的转移手续，这样才算出资完成。公司的财产一般由公司设立时股东的出资以及公司成立后的经营所得构成，公司对外负债时如果没有经营所得，股东的出资会直接影响债务的偿还。在现实生活中，无论是抽逃出资还是非货币财产出资不到位，都会损害公司及其他股东的利益，同时也会损害债权人的利益。

关于抽逃出资，有一种情形非常普遍：股东利用自己对公司的掌控将所出的资金抽走。

例如，验资完毕后，股东在3~5天将所出资金转走。同时由于是第三方垫资，此时公司没有开展实际经营活动，资金大多会以销售、采购等名义转走。这类抽逃出资情形是目前十分常见的。

面对这种情形，债权人可以向法院申请，对虚构的销售方、采购方进行询问调查，如果调查的结果证实相关业务是虚假交易，就可以证明股东构成抽逃出资。

□ 关键知识链接 ••

《最高人民法院关于民事执行中变更、追加当事人若干问题的规定》第十八条

作为被执行人的营利法人，财产不足以清偿生效法律文书确定的债务，申请执行人申请变更、追加抽逃出资的股东、出资人为被执行人，在抽逃出资的范围内承担责任的，人民法院应予支持。

1.2.3 股东出资有瑕疵如何处理

在公司设立的过程中，有一个现象非常常见，那就是"股东出资有瑕疵"。不少投资者由于缺乏诚信和投资实力，在设立公司时以瑕疵出资的方式来逃避其应承担的责任，导致出现问题。

丛先生是甲化工公司的负责人，甲化工公司主要从事原材料的生产和销售，且主要产品的市场口碑一直很好。经朋友介绍，丛先生认识了乙公司的负责人宋先生，宋先生表示希望从丛先生的公司购买价值300万元的原材料。

谨慎起见，丛先生所在的甲化工公司专门派人前往乙公司进行了考察，丛先生特地一同前往。宋先生很热情地接待了丛先生一行。

之后，甲化工公司要求乙公司支付30%的款项作为定金，乙公司也很痛快地答应了，这让甲化工公司的管理层都很满意。

两家公司签订了买卖合同，乙公司向甲化工公司支付货款的30%作为定金，尾款于收到货物后10个工作日内一次性付清。甲化工公司收到乙公司的定金后，向乙公司交付了全部货物。

然而，乙公司在收到全部货物后，只支付了不到20万元的货款，之后就开始强调产品存在质量问题等，一直拖欠货款。

为此，丛先生联系宋先生，一开始宋先生还愿意交流，后来干脆失联。不得已，甲化工公司选择去法院起诉并最终胜诉。但在

执行中，法院告知：乙公司账上没钱，也没有任何资产，无法继续执行。

因为这笔大订单将现金全部占用，甲化工公司的运营变得非常困难。甲化工公司多次派人到乙公司要款，宋先生等人避而不见。

随后，甲化工公司查询了乙公司的全部工商档案，在档案中发现了一个重要的财产线索：乙公司是由宋先生和梅先生两个股东出资设立的，乙公司的注册资金是500万元，其中宋先生是以房产作价300万元出资的，但房产并未过户到公司名下，某会计师事务所将未过户的房产作为宋先生的出资予以验资。

甲化工公司又查询了宋先生出资的这处房产，发现宋先生在乙公司成立后，将房产卖给了乔先生。现在乙公司没有任何财产，甲化工公司可否要求宋先生赔偿？

《中华人民共和国公司法》鼓励出资方式的多样性，但这不意味着股东可以用欺骗的手段谋取利益。出资有瑕疵的股东，理应承担相应的法律责任。

结合本案例，宋先生应当在300万元的范围内承担补充赔偿责任。

这是因为，宋先生没有将房产过户到公司名下，属于瑕疵出资。

我们必须正确理解公司注册资本的含义与组成。公司注册资本，是指公司出资人依法律规定而缴纳的作为公司承担责任的保证的资本。拥有注册资本是公司成立的必备条件，如果出资人不真实出资，就可能给债权人造成重大的利益损害。

股东可以通过现金的方式，也可以通过非现金的方式履行出资义务，如图1-4所示。

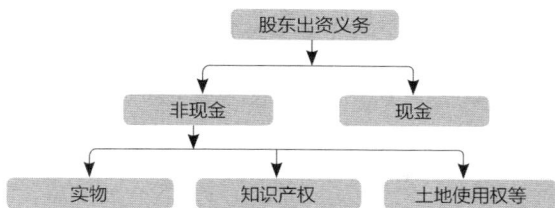

图1-4　股东出资义务的履行方式

以非现金方式出资的，股东应当依法办理财产的转移手续，如果不办理，就应当认定股东没有支付相应对价取得公司的股权。股东未履行出资义务的，债权人有权要求股东在未出资本息范围内对公司债务不能清偿的部分承担补充赔偿责任。

□ 关键知识链接 --

《中华人民共和国公司法》第四十八条

股东可以用货币出资，也可以用实物、知识产权、土地使用权、股权、债权等可以用货币估价并可以依法转让的非货币财产作价出资；但是，法律、行政法规规定不得作为出资的财产除外。

对作为出资的非货币财产应当评估作价，核实财产，不得高估或者低估作价。法律、行政法规对评估作价有规定的，从其规定。

《中华人民共和国公司法》第四十九条

股东应当按期足额缴纳公司章程规定的各自所认缴的出资额。

股东以货币出资的，应当将货币出资足额存入有限责任公司在银行开设的账户；以非货币财产出资的，应当依法办理其财产权的转移手续。

股东未按期足额缴纳出资的，除应当向公司足额缴纳外，还应当对给公司造成的损失承担赔偿责任。

结合法律规定与本案例可知：宋先生作为乙公司的股东，以其名下的房产作价出资，应当将房屋过户登记给公司，如果没有过户给公司，则房屋的所有权人仍然是宋先生，宋先生之后又将房屋过户给乔先生，以其实际行动表明，不会继续履行出资义务。因此，甲化工公司有权要求宋先生在300万元的范围内承担补充赔偿责任。

需要注意的是，案件已经进入执行阶段，如果甲化工公司要在执行阶段追加股东为共同执行人，必须符合图1-5所示的3个条件。

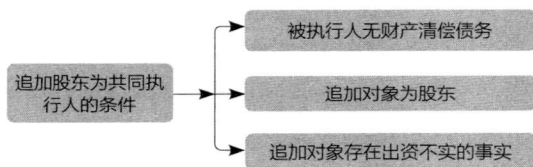

图1-5　追加股东为共同执行人的条件

可以采取以下举措认定股东出资不到位。

①从公司的工商登记档案中，查询公司成立时的出资情况。

②通过会计师事务所出具的验资报告，进一步验证该股东是否将不动产或者知识产权变更至公司名下。

③前往相关部门，查实相关不动产或者知识产权是否已经变更至公司名下。

④如果发现股东没有履行权属变更登记，就可以认定该股东出资不到位。

需要特别指出的是，公司、其他股东或者公司债权人主张认定出资人未履行出资义务的，人民法院应当责令当事人在指定的合理期间内办理权属变更手续。

　🞏 关键知识链接 --

《最高人民法院关于适用〈中华人民共和国公司法〉若干问题的规定（三）》第十条

出资人以房屋、土地使用权或者需要办理权属登记的知识产权等财产出资，已经交付公司使用但未办理权属变更手续，公司、其他股东或者公司债权人主张认定出资人未履行出资义务的，人民法院应当责令当事人在指定的合理期间内办理权属变更手续；在前述期间内办理了权属变更手续的，人民法院应当认定其已经履行了出资义务；出资人主张自其实际交付财产给公司使用时享有相应股东权利的，人民法院应予支持。

出资人以前款规定的财产出资，已经办理权属变更手续但未交付给公司使用，公司或者其他股东主张其向公司交付、并在实际交付之前不享有相应股东权利的，人民法院应予支持。

《最高人民法院关于适用〈中华人民共和国公司法〉若干问题的规定（三）》第十三条

股东未履行或者未全面履行出资义务，公司或者其他股东请求其向公司依法全面履行出资义务的，人民法院应予支持。

公司债权人请求未履行或者未全面履行出资义务的股东在未出资本息范围内对公司债务不能清偿的部分承担补充赔偿责任的，人民法院应予支持；未履行或者未全面履行出资义务的股东已经承担上述责任，其他债权人提出相同请求的，人民法院不予支持。

股东在公司设立时未履行或者未全面履行出资义务，依照本条第一款或者第二款提起诉讼的原告，请求公司的发起人与被告股东承担连带责任的，人民法院应予支持；公司的发起人承担责任后，可以向被告股东追偿。

股东在公司增资时未履行或者未全面履行出资义务，依照本条第一款或者第二款提起诉讼的原告，请求未尽公司法第一百四十七条第一款规定的义务而使出资未缴足的董事、高级管理人员承担相应责任的，人民法院应予支持；董事、高级管理人员承担责任后，可以向被告股东追偿。

《最高人民法院关于民事执行中变更、追加当事人若干问题的

规定》第十七条

作为被执行人的营利法人，财产不足以清偿生效法律文书确定的债务，申请执行人申请变更、追加未缴纳或未足额缴纳出资的股东、出资人或依公司法规定对该出资承担连带责任的发起人为被执行人，在尚未缴纳出资的范围内依法承担责任的，人民法院应予支持。

1.2.4　隐名股东与显名股东的权利与义务

很多公司都存在隐名股东与显名股东（也称名义股东），双方的权利与义务是如何规定的？对双方又有怎样的约束？这些我们都应当有所了解。

唐先生是一名退休的大学教师。2013年，经朋友王老师介绍，唐先生认识了方先生，方先生说他打算成立一家健康体检中心，想邀请唐先生入股。

方先生表示，自己找了一家中介公司，可以帮忙成立公司，公司股东是方先生、齐先生和唐先生。方先生说，唐先生可以找人代持股份，唐先生在幕后做股东。唐先生同意了这一方案。

很快，公司完成注册，方先生占股60%，齐先生占股20%，李先生代持唐先生股份20%，方先生任总经理。随着健康体检中心的发展，公司的影响力不断加大，但在技术管理方面，唐先生和方先生产生了非常大的分歧。

唐先生有天照常去公司上班，公司人力资源部门通知其被解聘了。唐先生去找方先生理论，方先生告诉他："李先生已经把代持的你的20%股份转让给了赵先生，你跟公司已经没有任何关系了。解聘你是因为你连续旷工。"

唐先生去找李先生，李先生避而不见。去找赵先生，赵先生说他已经付款给李先生了，而且已经办理了工商变更手续。唐先生不知道自己能否向人民法院申请确认李先生和赵先生的股权转让协议无效。

对于这一案例，如果唐先生没有证据证明李先生和赵先生恶意串通，则无权要求确认李先生和赵先生的股权转让协议无效，但可以向李先生要求赔偿损失。

这样评判，是由隐名股东与名义股东的特点决定的。隐名股东是为了规避法律政策或出于其他原因，借用他人名义认购公司股权，且实际履行了出资义务，但在公司股东名册、公司章程等权利凭证中却记载为他人的出资人，为隐名股东代持股份的股东，称为名义股东。

名义股东虽有股东之名但无出资之实。由于实际出资人是隐名股东，由股权产生的所有分红及管理权均属于隐名股东。

我国公司采取的是股权公示制度，以股东名册、公司章程对外承担法律责任，在隐名股东不知情的情况下，名义股东将代持的股权处分给第三人，并且经过其他股东的同意，第三人构成善意取得，其转让行为合法有效。

结合案例，唐先生与李先生签订股权代持协议，约定由李先生代持唐先生的股权，李先生在法律上属于名义股东，名义股东记载在股东名册、公司章程中，只具有名义上的权利，如果唐先生没有证据证明李先生与赵先生恶意串通，则赵先生构成股权购买上的善意取得，而且赵先生购买股权已经经过公司其他股东的同意，并办理了工商变更手续，赵先生获得公司股权是有效的。

需要注意的是，唐先生虽然无法追回股权，但可以向李先生要求赔偿相应的损失。

▫ 关键知识链接 --

《最高人民法院关于适用〈中华人民共和国公司法〉若干问题的规定（三）》第二十二条

当事人之间对股权归属发生争议，一方请求人民法院确认其享有股权的，应当证明以下事实之一：（一）已经依法向公司出资或者认缴出资，且不违反法律法规强制性规定；（二）已经受让或者以其他形式继受公司股权，且不违反法律法规强制性规定。

《最高人民法院关于适用〈中华人民共和国公司法〉若干问题的规定（三）》第二十四条

有限责任公司的实际出资人与名义出资人订立合同，约定由实际出资人出资并享有投资权益，以名义出资人为名义股东，实际出资人与名义股东对该合同效力发生争议的，如无法律规定的无效情形，人民法院应当认定该合同有效。

前款规定的实际出资人与名义股东因投资权益的归属发生争议，实际出资人以其实际履行了出资义务为由向名义股东主张权利的，人民法院应予支持。名义股东以公司股东名册记载、公司登记机关登记为由否认实际出资人权利的，人民法院不予支持。

实际出资人未经公司其他股东半数以上同意，请求公司变更股东、签发出资证明书、记载于股东名册、记载于公司章程并办理公司登记机关登记的，人民法院不予支持。

现实生活中，股权的实际出资人和名义出资人不一致的情形很常见，根据《中华人民共和国公司法》的规定，股权代持协议只要不违反法律法规的强制性规定，都是有效的。股权代持协议可以解决公司成立之初股权频繁变更的麻烦，避免工商登记信息频繁变动。

当然，这一现象会不可避免地带来问题。例如名义股东擅自处分股权，这种情况会形成两种法律关系：一是隐名股东和名义股东之间的合同法律关系；二是名义股东和第三人之间的股权转让的法律关系。

而隐名股东和第三人之间的连接纽带就是第三人是否构成善意取得。如果第三人构成善意取得，那么隐名股东只能追究名义股东的违约责任；如果名义股东和第三人恶意串通，那么隐名股东可以请求判令股权转让合同无效，由第三人返还股权，但在这样的诉讼中，隐名股东要承担证明名义股东和第三人恶意串通的举证责任，否则隐名股东只能请求名义股东承担相应的损害赔偿责任或违约责任。

对隐名股东而言，保护自己的合法权益要做到以下几点。

①起草全面的股权代持协议，在股权代持协议中约定违约责任。

②保管好出资证明，证明购买股权的资金是自己出具的。

③积极参加公司的经营管理和分红，以证明自己的公司股东身份。

④如确实需要股权代持，建议选择自己熟悉的人，不要选择不熟悉的人。

1.3　公司股权如何控制

1.3.1　同股同权与同股不同权

很多人有这样的疑问：自己在公司的权利是否与自己所持的股份完全一致？想要拿到更大的权限，是否必须增加自己所持的股份？事实上，答案是否定的。同股不同权的现象，在企业界非常常见。

现实中，同股同权与同股不同权的情况都存在，表 1.3-1 所示为两者的对比。

表 1.3-1　同股同权与同股不同权的对比

股权状况	同股同权	同股不同权
概念	同样的股份，同样的权利	持有相同股份的股东，其享有的对公司事务的决策权、监督权或资产收益权是不同的
强调内容	强调的是股东之间的权利平等。这种平等，不仅是法律地位的平等，还包括股东之间享有的权利相同，没有优劣、多少、高低之别	从公司控制的角度而言，主要是指股东之间表决权的不对等。也就是说，在一个公司中，有些股东的表决权是"一股一票"的，而有些股东则是"一股多票"的，例如一个股东只拥有公司 10% 的股份，却拥有 51% 的表决权
强调决策权	通常意义上，"同股同权"主要指"一股一权""一股一票"，强调股东在公司决策权方面的平等性，一般公司均为"同股同权"	在"同股不同权"的情况下，股东对公司的控制权与对公司的所有权是分离的

　　□ 关键知识链接 --

《中华人民共和国公司法》第六十五条

股东会会议由股东按照出资比例行使表决权；但是，公司章程另有规定的除外。

《中华人民共和国公司法》第六十六条

股东会的议事方式和表决程序，除本法有规定的外，由公司章程规定。

股东会作出决议，应当经代表过半数表决权的股东通过。

股东会作出修改公司章程、增加或者减少注册资本的决议，以及公司合并、分立、解散或者变更公司形式的决议，应当经代表三分之二以上表决权的股东通过。

通过法律法规可以看到，"公司章程另有规定的除外""由公司章程规定"等说法赋予了公司及股东很大的自由权。所以，同股同权和同股不同权这两种情况都会存在。

1.3.2　股份期权和虚拟股权

股份期权与虚拟股权是股权类型中两个较为特别的类型。该如何正确认识这两种股权呢？

李先生是一家公司的老板，在一次招录核心高管时，毕业于名牌大学有着丰富经验的汪先生引起了他的注意。李先生想让汪先生加入公司，一起打拼，合作共赢。汪先生则提出要么拿到股份期权，要么获取虚拟股权，这是自己入职公司的条件。

李先生有些疑惑：这两种股权有什么区别呢？哪一种更适合留住人才？

所谓股份期权，是指股东或者公司人为地把工商股权分为很多份。例如，把工商股权分为 1000 万份、5000 万份或 1 亿份，其中的每一股都叫作股份期权。

所谓虚拟股权，其本质是分红权，同样也是把公司的工商股权分成很多份。如果通过股权激励取得了虚拟股权，就相当于有了分红的权利。

简单来说，工商股权是真正意义上的股权，股份期权是虚拟的工商股权，具备工商股权的特征，但是并不在工商部门体现。而虚拟股权的本质就是分红权，除了分红，虚拟股权一般不具备工商股权和股份期权所具有的其他股权权利。

结合案例，李先生可以根据实际情况，为汪先生分配相关股权。

1.3.3　股权代持后，隐名股东权益认知

股权由显名股东代持，自己成为隐名股东，这样的情形越来越常见。选择做隐名股东，会让自己的自由度更高，但是，也有可能会遭遇现有显名股东的不配合。那么，隐名股东该如何维护自身的权益呢？

吴先生通过朋友认识了丁先生，丁先生手头有建筑项目，希望与吴先生合作，共同成立一家建筑工程公司，吴先生负责协调建筑项目的技术工作。

吴先生很看好这个项目，所以接受了丁先生的邀请。作为公司的发起人之一，吴先生占股20%。不过，由于工作的原因，吴先生暂时不方便出现在工商登记中，因此，吴先生委托朋友田先生代持股权，并和田先生签订了股权代持协议，约定股权由田先生代持，但实际出资人和股权受益人是吴先生，股权代持协议约定指定日期前，田先生应当将股权变更登记到吴先生名下。

很快，建筑工程公司顺利成立并办理了工商登记，工商登记上记载丁先生占股40%，钱女士占股20%，高先生占股20%，田先生占股20%。之后，由于其他事情，吴先生和田先生之间产生了矛盾，直到指定日期一年后，田先生都没有配合吴先生进行股权变更登记。吴先生找到丁先生等股东，希望他们能够予以帮助。但是，丁先生等人并不同意变更。那么，吴先生可否向法院申请要求强制变更工商登记呢？

这类案件近年来呈多发趋势，吴先生能否要求强制变更工商登记呢？

根据实际情况，吴先生无权要求强制变更工商登记。

这是因为，作为隐名股东，吴先生必须经过其他股东过半数同意，才能强制变更工商登记。

从法律上来说，隐名股东原则上只享有投资收益权，在工商登记上并不出现。隐名股东在隐居幕后时就应当预见显名股东私自处分代持股权的风险，隐名股东在享有隐名带来的利益时，也应当承担隐名带来的风险。

而有限责任公司的特点，就是具有资合性和人合性，以人合性为主，股东之间的相互信赖是公司得以成立和发展的基础。为避免公司在决策、管理及利润分配方面发生分歧，股东有权不接纳股东之外的人员加入公司。所以，吴先生的要求不能得到支持。

隐名股东和显名股东之间的委托代理关系属于合同关系，对公司而言，对外以工商登记的信息为准。如果显名股东在隐名股东不知情的情况下，将股权转让给了第三人，并办理了工商变更手续，隐名股东也就随之失去了确认自身股东身份及拥有公司股份的相关权利。隐名股东只能找显名股东赔偿因违约产生的违约责任。

本案例中，虽然吴先生与田先生签订了股权代持协议，但根据合同的相对性，该协议只能约束吴先生和田先生，并不能约束其他股东。吴先生虽然是公司的实际投资人，且依照与田先生的协议享有公司股权，但并不代表获得了公司的股东资格，需经公司过半数股东同意方可获得公司股东资格。而现在公司过半数股东不同意吴先生成为股东，因此，吴先生无法成为公司股东。

¤ 关键知识链接 --

《中华人民共和国民法典》

第一百四十六条　行为人与相对人以虚假的意思表示实施的民事法律行为无效。

以虚假的意思表示隐藏的民事法律行为的效力，依照有关法律规定处理。

第一百五十三条　违反法律、行政法规的强制性规定的民事法律行为无效。但是，该强制性规定不导致该民事法律行为无效的除外。

违背公序良俗的民事法律行为无效。

第一百五十四条　行为人与相对人恶意串通，损害他人合法权益的民事法律行为无效。

需要特别指出的是，如果过半数股东不同意转让股权，吴先生同意转让股权，可以进行股权评估，告知其他股东有优先购买权，没有股东愿意购买的，可以要求公司对该股份进行回购，然后依法变更公司注册资本。

在这里，还要介绍一下有限责任公司与股份有限公司的区别，即有限责任公司以人合性为主，股份有限公司以资合性为主。人合性是指在有限责任公司的成员之间存在着某种个人关系，这种关系包括彼此之间的合作、互动、责任分配等。有限责任公司的人合性在法律规则上，表现在以下五个方面。

①股东人数具有最高限额，之所以如此规定，是因为人少便于交流和达成共同意见，能更好地维护人合性。

②相对于股份有限公司而言，有限责任公司不得公开募集资金。

③优先认购权。优先认购权可以很好地保护其他股东的权益，可以更好地维护原始股东的封闭性。

④公司成立后往往依据公司章程展开活动，更多地体现股东之间的契约合意。

⑤所有权和经营权并未完全分离，股东既管理着公司又承担着投资的风险，资本与劳动结合较为紧密。

隐名股东是实际投资人，但在公司章程、股东名册或其他工商登记材料中记载的股东是其他人，被记载的人被称为显名股东。隐名股东要想受法律保护，应当符合以下三个条件。

①隐名股东与显名股东之间有口头协议或书面协议，该协议是双方自愿达成的合法协议。

②股权代持协议的签订时间在公司未依法成立时。

③隐名股东履行出资义务，显名股东履行营业及分派利益的义务。

实践中，隐名股东与显名股东发生争议的，应当从涉诉公司的运作模式、隐名股东产生的原因、隐名股东出资、工商登记情况等方面进行判断，最终认定隐名股东与显名股东之间是否构成委托代理关系，双方签订的股权代持协议是否合法有效。

1.3.4 隐名股东如何合法维护自身权益

由最高人民检察院影视中心出品的《人民的名义》一剧好评如潮。其中有一个片段引人注意：大风厂由国企改制而来，改制时职工持有公司 40% 左右的股份，但由于历史原因，员工作为隐名股东并未在市场监督管理局登记备案，之后大股东擅自将股份质押，导致股份被法院处分，引发了群体事件。

上述片段反映了隐名股东权益被侵害的问题。现实中，隐名股东不在少数，他们该如何保护自己的权益？如何变为显名股东呢？

韩先生和王先生、张先生是大学同学。毕业后，韩先生在一家公司做高管，王先生、张先生在另一家公司做高管。王先生、张先生找到韩先生，邀请他一起开一家广告策划公司。韩先生认为这个想法不错，自己目前的工作待遇比较好，同时可以利用公司的平台拉一些客户，便答应了他们。于是，三个人达成一致意见，成立一家广告策划公司。

三个人签订了共同经营协议，约定：韩先生、王先生、张先生共同出资 60 万元成立公司，每人出资 20 万元，三人各占股33.33%，并约定共同分担风险，共同分享收益。对外以王先生和张先生的名义注册登记，对内则是股权平分。协议签订后，韩先生就出资了 20 万元，公司也给他出具了加盖公章的收据。

之后，韩先生利用自身的优势，给公司拉了不少客户，并领取了分红。一年后，公司的效益大增。此时，王先生和张先生觉得韩先生付出较少，便不再承认韩先生是股东。他们表示韩先生给的20 万元是公司向其借的，公司章程上没有其名字，便要求韩先生退出公司。韩先生很生气，但也很无奈，他能否请求法院确认其股东身份？

对于这一案例，韩先生可以向法院申请确认股东资格。

这是因为，韩先生属于隐名股东，工商登记不是认定股东资格的最终或唯一依据。公司 1/3 的注册资金是韩先生出的，韩先生对公司的运营也有付出，并分配了利润，应当享有股东的权利。

与此同时，王先生、张先生和韩先生签订了共同经营协议，协议中有着明确约定，王先生、张先生很清楚韩先生是公司的股东，彼此签订协议的意思表示是真实、一致的，韩先生作为股东的权利应当受到法律保护。

需要特别提醒的是，韩先生可以通过起诉公司及王先生、张先生来确认自己的股东权利，案由为股东资格确认纠纷。

在现代经济社会中，股权代持是一种常见的合同行为。选择做隐名股东，多数是因为自身不愿意或者无法登记在股东名册中。

隐名股东的风险主要表现在：名义股东存在失控的风险，名义股东在公司决策中一旦失控，由于缺乏股东的权力外观，隐名股东往往无法直接接管公司。目前的司法实践采取的是兼顾原则，兼顾个体与社会公共利益，一方面，对隐名股东的身份予以承认，另一方面，依据商事外观主义，赋予外部交易相对人信赖利益对抗权，隐名股东不能对抗基于对公司登记事项的信赖而从事交易的第三人。

对隐名股东而言，以下这些方法可以保护自身的权益。

①签订有效合同规避风险。建议在公司成立时，在股权代持协议中明确约定双方的权利和义务，以保障自己的合法权益。

②提前取得其他股东的同意和认可。为了防止未来可能产生的变故，建议隐名股东征得其他股东的同意，较简便的方式就是让其他股东在股权代持协议中签字确认，在之后可能产生的股东资格确认纠纷中可以将股权代持协议作为直接证据使用。

③要求名义股东将股权质押给隐名股东。有的名义股东可能会因债务问题，导致股权被冻结甚至被强制拍卖，为了规避这种情况，可以要求名义股东将股权质押给隐名股东，由于具有股权优先

权，将来即使股权被拍卖，隐名股东也是第一受偿人。

④高管控制法。隐名股东直接安排任命总经理、财务总监、人事总监等高管职务，一方面可以知晓公司的重要经营情况，另一方面可以第一时间掌握名义股东的行为，在其经营行为不当时可以及时予以制止或者第一时间介入，避免损失扩大。

▫ 关键知识链接 --

《最高人民法院关于适用〈中华人民共和国公司法〉若干问题的规定（三）》第二十一条

当事人向人民法院起诉请求确认其股东资格的，应当以公司为被告，与案件争议股权有利害关系的人作为第三人参加诉讼。

★ **附录：股权代持协议模板**

甲方（委托方）：

乙方（受托方）：

甲、乙双方本着平等互利的原则，友好协商，就甲方委托乙方代为持股事宜达成如下协议，以兹共同遵照执行。

第一条 委托内容

1. 甲方将其拥有的 ＿＿＿＿＿＿＿＿ 公司（以下简称公司）＿＿%的股份，计出资金额￥＿＿＿＿＿（大写人民币 ＿＿＿＿＿＿），通过本协议作为"代持股份"，由乙方代持。

2. 甲方作为实际出资人，在设立公司时对代持股份已完成了实际出资。乙方是名义股东，代持股份将通过工商变更登记程序，登记至乙方名下。乙方作为名义股东，仅为代持目的，在工商变更登记时不再支付相关股权转让款。

条款解释

本条内容主要写明甲方为实际出资人，将自己的股权委托乙方代持，乙方仅是名义股东。

第二条 委托权限

1. 甲方委托乙方代为行使的权利包括：由乙方以自己的名义将代持股权在工商机关予以登记、以股东身份参与相应活动、代为收取股息或红利、出席股东会并行使表决权以及行使公司法与公司章程授予股东的其他权利。

2. 甲方委托乙方代持股权的期间自本协议生效时开始，至乙方根据甲方指示将代持股权转让给甲方或甲方指定的第三人时终止。

3. 乙方受甲方之委托代持股权期间，甲方给付乙方＿＿＿元作为报酬。

条款解释

本条内容主要是甲方委托乙方行使权利的范围以及委托的期间，对委托期间产生的费用也进行了约定，甲方与乙方之间属于委托代理关系。

第三条 甲方的权利与义务

1. 甲方作为代持股权的实际持有者，对公司享有实际的股东权利并有权获得相应的投资收益；乙方仅以自身名义代甲方持有该代持股权，而对该代持股权所形成的股东权益不享有收益权或处置权（包括但不限于股东权益的转让、质押、划转等处置行为）。

2. 甲方同意乙方长期以代持方式持有股权，在委托持股期限内，甲方有权在条件具备时，将相关股东权益转移至指定第三人名下，乙方需无条件配合。

3. 甲方作为代持股权的实际所有人，有权依据本协议对乙方不适当的受托行为进行监督与纠正；如乙方未经甲方书面授权，擅自或超越权限行使股东权利等导致公司及甲方利益受损，甲方除有权立即收回代持股权外，还有权要求乙方赔偿。

条款解释

本条内容是甲方的权利和义务，主要列明了甲方委托乙方代持股权，主要作用是对乙方代持期间的行为进行约束，如乙方侵害公司及甲方利益，乙方应当赔偿甲方损失。

第四条 乙方的权利与义务

1. 未经甲方事先书面同意，乙方不得转委托第三方持有上述代持股权及对应的股东权益。

2. 乙方在以股东身份参与公司经营管理过程中可代甲方行使表决权。

3. 乙方不得对其所持有的代持股权及其所有收益进行转让、处分。

4. 乙方承诺将其未来所收到的因代持股权所产生的全部投资收益（包括现金股息、红利或任何其他收益）均转交给甲方，并承诺将在获得该等投资收益后＿＿＿日内将该等投资收益划入甲方指定的银行账户。

5. 必要情况下甲方须向公司其他股东或股东以外的人转让代持股权时，乙方须对此提供必要的协助及便利。

6. 甲方向第三人转让代持股权时，乙方应无条件进行配合。

条款解释

本条内容是对乙方的权利和义务进行的约定，对乙方在委托期间的行为进行的约定，对分红及股权管理进行的约定。

第五条 保密条款

协议双方对本协议履行过程中所接触或获知的对方的任何商业信息均有保密义务，除非有明显的证据证明该等信息属于公知信息或者事先得到对方的书面授权。该等保密义务在本协议终止后仍然有效。任何一方因违反该等义务而给对方造成损失的，均应当赔偿对方的相应损失。

条款解释

本条内容是对双方的保密义务的约定，要求双方保守商业秘密。

第六条 违约责任

任何一方违反或拒不履行其在本协议中的约定，即构成违约行为。除本协议特别约定外，任何一方违反本协议，致使另一方承担任何费用、责任或蒙受任何损失，违约方应就上述任何费用、责任或损失（包括但不限于因违约而支付或损失的律师费或利息）赔偿守约方。

条款解释

本条是违约责任条款，如需对违约责任进行明确约定，还可以约定违约金的具体金额。

第七条 争议的解决

因本协议引起的或与本协议有关的任何争议，协商不成的，可以向法院起诉。

条款解释

本条为管辖权条款，约定一旦产生争议，由具体法院管辖。如果需要提交仲裁，可以约定由具体仲裁委员会仲裁。

第八条 附则

1.本协议一式两份，协议双方各持一份，具有同等法律效力。

2.本协议自双方签字或盖章后生效。

条款解释

本条是附则性条款，对协议的效力及签署进行了约定。

甲方：

乙方：

签约时间：　　　年　　　月　　　日

第 2 章

公司股权架构设计的相关内容

股权架构设计，直接决定了企业的顶层设计特点。很多企业之所以会出现股权之争，就在于股权架构设计漏洞颇多，导致各股东并不按照规定行事，给企业发展带来了巨大的隐患。唯有做好股权架构设计，让其产生激励效果，股东层才会成为整体，发挥效力。

2.1　股权架构为何如此重要

2.1.1　股权架构事关公司顶层设计

合伙创业经常会出现这样的情形：有的创业者没有足够的资金，却有着丰富的社会资源、管理经验和创业思路；有的创业者拥有足够的资金，但存在社会资源不足、能力不足的问题。面对这样的情况，若设立有限公司，很多创业者会产生一个疑惑，目前法律不允许劳务出资，可否通过股权架构，将自己的管理经验等转化为出资？

季先生从学校毕业后，一直从事软件工程师的工作，在软件开发领域有着较深的造诣。一次偶然的机会，他认识了曹先生，曹先生表示，自己打算成立一家软件公司，专门用于订单式软件开发和销售，并将自己的战略规划讲给了季先生，同时表示对季先生的软件开发能力非常欣赏，希望一起成立软件公司。

曹先生计划成立一家有限公司，注册资金计划为 1000 万元，季先生很看好这个方案，但手头资金非常有限。这时候，他有了一个想法：能否以劳务或者技能作为股权出资？

现实中，这种技术能力过硬但自身资金不足的人非常常见。很多人都有这样的疑问：自己可否以劳务或技能作为股权出资？

现实情况是，法律规定不能以劳务或者技能作为股权出资。

这是因为，我国公司法采用的是法定资本制，强调的是资本确定、不变、维持三原则，如图 2-1 所示。而劳务的性质不确定，无法进行评估，不能保证公司资本确定，以劳务出资也会损害债权人的利益。

图 2-1   法定资本制三原则

因此，在进行股权架构设计时，劳务作为劳动者的专属能力，不具有独立转移性，所以不能将其作为股权出资。

需要特别指出的是，劳务可以作为合伙企业的出资，因为合伙企业的合伙人对合伙企业债务承担的是无限连带责任。

¤ 关键知识链接 --

《中华人民共和国公司法》第四十八条

股东可以用货币出资，也可以用实物、知识产权、土地使用权、股权、债权等可以用货币估价并可以依法转让的非货币财产作价出资；但是，法律、行政法规规定不得作为出资的财产除外。

对作为出资的非货币财产应当评估作价，核实财产，不得高估或者低估作价。法律、行政法规对评估作价有规定的，从其规定。

成立一家公司，人员、资金都是必不可少的因素。其中，资金直接关系到整个公司的运营和周转。股东们以自己所享有的某项财产权出资设立公司，从而享有股份，参与公司的利润分配。《中华人民共和国公司法》对可以出资的财产和形式都做了规定。股东出资既可以用货币出资，也可以用实物、知识产权、土地使用权等非货币财产出资，但是采用非货币财产出资时，必须满足非货币财产可以用货币估价并且可以依法转让的条件。《中华人民共和国公司法》之所以如此规定，是因为公司的独立法人地位以其全部财产都该对外承担责任，而股东以实缴额为限对债务承担有限责任。

出于对债权人权益保护的综合考量，股东们的出资必须是可以估价并且可以转让的，这样可以更好地遵循资本确定、不变、维持三原则，也可以最大限度地保护外部债权人的利益及市场经济的稳定。

结合本案例，季先生在注册公司的时候，不能以劳务作为注册资本进行公司注册，但季先生可以考虑用合伙或者分期实缴的方式来解决这个问题。

对于这样的情况，如果创业者希望以劳务出资，可以采取以下两种方式来解决。

①分期缴纳注册资本，约定几年后出资完毕，在此期间，公司盈利后，创业者可将取得的分红用来补足注册资本。

②合伙企业是允许合伙人以劳务出资的，合伙人以劳务出资的，其劳务价值评估办法由全体合伙人协商确定，并在合伙协议中载明。

2.1.2 股权架构不明引发的纷争

股权架构对公司的意义非常重要。很多知名公司正是因为股权架构不清晰，引发了股东之间的纷争，导致公司由盛转衰。比较典型的案例当属真功夫公司。

真功夫公司的创始人是潘宇海，潘宇海解决了中式快餐无法标准化生产的难题，使真功夫公司得以迅速扩张。然而，随着真功夫公司的快速发展，负责门店扩张的蔡达标发挥了更大作用，潘蔡双方因此产生了很多纷争。蔡达标动用各种手段将潘宇海赶出核心层，但最后蔡达标被判了14年的有期徒刑。

通常来说，股权架构不明的直接结果就是形成股东僵局，导致公司控制权与利益索取权的失衡。尤其是当公司的控制权交给了持股比例较小的股东时，由于其利益索取权很小，所以其会利用自己的控制权扩大自己的额外利益。滥用控制权的法律风险是巨大的，对公司和其他股东利益都会有严重的损害。

一旦出现这样的情形，多数受损害的股东会申请法院强制解散公司，以维护自身的合法权益。由此可以看出，公司的股权架构设置不当，将可能导致公司面临被解散的风险。

□ 关键知识链接 --

《最高人民法院关于适用〈中华人民共和国公司法〉若干问题的规定（二）》第一条

单独或者合计持有公司全部股东表决权百分之十以上的股东，以下列事由之一提起解散公司诉讼，并符合公司法第一百八十二条规定的，人民法院应予受理：

（一）公司持续两年以上无法召开股东会或者股东大会，公司经营管理发生严重困难的；

（二）股东表决时无法达到法定或者公司章程规定的比例，持续两年以上不能做出有效的股东会或者股东大会决议，公司经营管理发生严重困难的；

（三）公司董事长期冲突，且无法通过股东会或者股东大会解决，公司经营管理发生严重困难的；

（四）经营管理发生其他严重困难，公司继续存续会使股东利益受到重大损失的情形。

2.2　股权架构的类型与分配策略

2.2.1　如何设计股权架构的类型

设计股权架构的作用是明确合伙人的权、责、利，以帮助创业公司稳定发展，方便创业公司融资。设计精准的股权架构有助于公司的健康发展。

王先生与李先生合伙成立了一家公司，双方约定：二人各自占股50%，双方均有决定权。一开始，二人合作较为愉快，但有一次因为一个投资案，二人起了争执。王先生生气地表示：如果不同意自己的方案，那么公司就解散。结果，二人不欢而散，公司就此陷入僵局。

之所以出现案例中这种情况，就是因为股权架构设计不清晰。

对中国企业来说，什么样的股权架构较为合适呢？

1. 一元股权架构

一元股权架构是指股权比例、表决权（投票权）、分红权一体化的架构。

在这种架构下，所有中小股东的权利都是根据出资比例确定的。一元股权架构的类型，分别如图2-2、图2-3和图2-4所示。

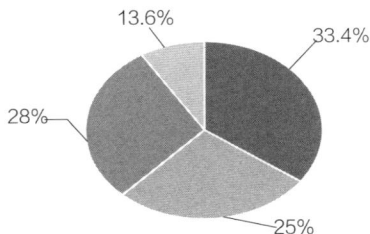

图 2-2　有多位股东且一位股东出资比例达到33.4%

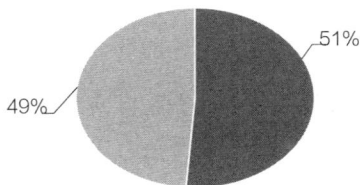

图 2-3　只有两位股东且双方出资比例分别为51%和49%

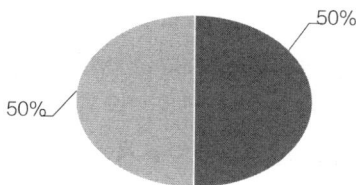

图2-4　有两位股东且双方出资比例均为50%

其中最容易出现纠纷的是第三种股权架构，在两股东各有50%表决权的机制下，公司做出任何决议均须股东双方一致同意。案例中的情况，就是一方不同意造成的结果。在股权架构设计中应避免第三种股权架构。

2.二元股权架构

二元股权架构是指在股份比例、表决权（投票权）、分红权之间做出不等比例的安排，将股东权利进行分离设计的架构。《中华人民共和国公司法》规定，公司章程可以约定同股不同权，当然，在股份公司下，只有对不同类别的股东才能设计这样的架构，同一类股东持有的股票所代表的权利应该是一致的。这种架构设计适合将分红权给某些股东，但将决策权给多个联合创始人的情况。

对多数公司来说，二元股权架构即可满足基本需求，创始人可以根据实际情况进行设计，股权架构设计完成后，还应检查以下工作是否合理。

①股权分配导致的利益结构是否合理，股东持有的股份比例与股东给予公司的贡献是否呈正相关。

②分配股权时需要更改公司章程或需要签订协议的，是否更改或签订。

③是否与投资人约定好退出机制。

④是否约定好股权机制的细则。

2.2.2　如何制定合理的分配策略

股东之间同样需要制定合理的分配策略，这样才能保证公司的健康发展。

郑先生与常先生合伙成立了一家公司，双方约定常先生主要负责公司的运营。辛苦了一年以后，公司走上正轨，这时候常先生对郑先生表示，其辛苦了一年，分红时应该多分一点。但是郑先生并不同意，双方不欢而散。

之所以出现这样的问题，就在于双方最初没有制定分配策略。

想要避免这类问题，就应该提前制定合理的分配策略，并写入公司章程。

通常来说，有一种分配策略是多数公司都适用的：公司分配股东利益，应当按照《中华人民共和国公司法》和公司章程的规定，依据"公司利润分配法"的要求，在分配当年税后利润时，如果公司有以前年度未弥补亏损，则先用当年利润弥补亏损，然后根据需要，先提取利润的10%列入公司法定公积金。如果公司法定公积金累计额为公司注册资本的50%以上的，可以不再提取。

具体来说，可以按照图2-5所示的流程进行利润分配。

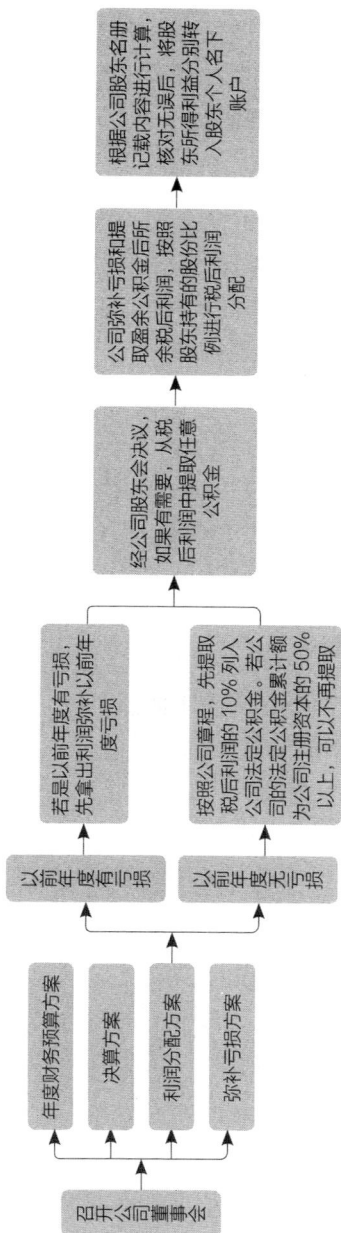

图 2-5　合理的利润分配流程

制定分配策略时应考虑主要负责人的工作付出，确定合理的分配比例，这样就能避免分配时出现争议，保证各个股东都较为满意。

2.2.3　寻找合伙人的五个原则

合伙人关系着企业的未来发展，与自己理念一致且在其他方面能互补的人，才能成为真正的合伙人。无数案例告诉我们：如果找不对合伙人，公司即使做得再大，迟早都会分崩离析。

寻找合伙人时，应该遵循以下五个原则。

1. 技能互补

合伙人之间应当有不同的技能，彼此可以互补，这样才能分工明确，为每个人找准自己的位置。你必须找一个能够在自己不擅长的领域为你提供帮助的合伙人，同样，你也要在其不擅长的领域给予其支持。

2. 彼此尊重

在技能互补的基础上，选择的合伙人还要能做到彼此尊重，而且聪明勤奋。否则，必然会因为某些分歧而决裂。

3. 相同的使命

要确定合伙人之间有着相同的目标。彼此一起创业，就是因为有相同的爱好，想做一样的事情，要确定各合伙人对公司未来的规划也基本一致。

4. 开放和灵活性

工作中出现矛盾不可避免，如果合伙人心胸狭隘，那很容易产生难以弥补的裂痕。相比之下，与开放和灵活的人合伙，遇到问题时才能有效解决。

5. 人格匹配

要确保与合伙人在工作之外也能很好地相处。从无到有建立一个公司实属不易，和一个真诚且能和睦相处的人共事，才能保证大家朝着一个目标共同努力。

2.3 公司运营中常见的几种情形及解决办法

2.3.1 如何防止股东/合伙人翻脸

在公司运营过程中，股东/合伙人之间可能会因为种种问题产生摩擦。如果处理不当，很有可能造成双方翻脸的情况，给公司带来不可想象的后果。那么，该如何防止股东/合伙人翻脸呢？

陆先生和赵先生是大学同学，毕业后一起成立了一家公司，赵先生和陆先生各占股50%，赵先生担任公司法定代表人及董事，陆先生担任公司监事。随着公司的发展，陆先生与赵先生的运营理念产生了严重的分歧，且逐渐上升为个人矛盾。陆先生渴望解决这一问题，但是却被赵先生长期排除在管理层之外，公司已三年未召开股东会。陆先生不知道自己究竟该如何解决这一问题。

对于这样的情形，陆先生应当根据公司章程，要求对方召开股东会，借助法律的规定，让对方与自己的运营理念重新达成一致，协商解决问题。

□ 关键知识链接 --

《中华人民共和国公司法》第一百一十三条

股东会应当每年召开一次年会。有下列情形之一的，应当在两个月内召开临时股东会会议：

（一）董事人数不足本法规定人数或者公司章程所定人数的三分之二时；

（二）公司未弥补的亏损达股本总额三分之一时；

（三）单独或者合计持有公司百分之十以上股份的股东请求时；

（四）董事会认为必要时；

（五）监事会提议召开时；

（六）公司章程规定的其他情形。

如果对方依然不做任何表示，那么只能选择解散公司。公司作为一个拟制的法人，其管理和运营主要依靠股东会、董事会等机构，股东会、董事会相当于公司的大脑，一旦大脑停止运转，公司就会瘫痪，公司陷入瘫痪状态就应当被认定为公司运营严重困难，也就是俗称的"公司僵局"。

结合本案例来看，持股比例已经超过10%的陆先生有权在这种情况下提起公司解散诉讼。公司只有陆先生与赵先生两名股东，各占股50%，赵先生虽然作为董事，但由于他们之间的矛盾，公司三年未召开股东会，没有股东会做出的决策，执行机构也无法执行，在公司内部机制已经无法正常运行的情况下，即使尚未出现亏损，公司经营也十分困难。而且由于内部机制长期失灵，股东投资公司的目的无法达到，利益受到严重损失，公司已经符合解散条件。

需要特别指出的是，公司经营管理发生严重困难不应被片面地理解为公司资金缺乏、严重亏损，主要指的是公司在管理方面存在严重的内部障碍，如股东会机制失灵、无法就公司的经营管理进行决策等。

▫ 关键知识链接 --------------------------------

《中华人民共和国公司法》第二百二十九条

公司因下列原因解散：

（一）公司章程规定的营业期限届满或者公司章程规定的其他解散事由出现；

（二）股东会决议解散；

（三）因公司合并或者分立需要解散；

（四）依法被吊销营业执照、责令关闭或者被撤销；

（五）人民法院依照本法第二百三十一条的规定予以解散。

公司出现前款规定的解散事由，应当在十日内将解散事由通过国家企业信用信息公示系统予以公示

《中华人民共和国公司法》第二百三十一条

公司经营管理发生严重困难，继续存续会使股东利益受到重大损失，通过其他途径不能解决的，持有公司百分之十以上表决权的股东，可以请求人民法院解散公司。

2.3.2　未成年人是否可以成为股东

在很多人眼中，股东不只是一个身份，还是公司权力的象征，因此，股权成为争斗的重点。而在一些公司中会出现未成年人担任股东的现象。那么，这一现象是否合法合规？未成年人能否担任股东？

谢先生与妻子以及齐先生一起成立了一家公司，公司运营状况不错，但是因为性格不合，谢先生和妻子不断吵架，准备离婚。

不过，谢先生与妻子都想争取股权，一直争执不下。后来经朋友提醒，两个人一致同意将其名下所有的股权都转让给11岁的儿子。为此，他们也与合伙人齐先生进行商谈，齐先生同意了这一请求。那么，在进行工商变更时，这一请求能否顺利通过？孩子还未成年，可否将股权转让给他？

现实情况是，谢先生与妻子可以将股权转让给儿子。

这是因为，《中华人民共和国民法典》规定"自然人的民事权利能力一律平等"。

《中华人民共和国公司法》对股东年龄并没有限制。根据法

不禁止即自由的原则，应当允许未成年人成为公司股东。具有完全民事行为能力或非完全民事行为能力的自然人以自己的名义享有权利、承担义务的资格和范围都是平等的。就市场经济而言，一切自然人进入交易市场的机会和资格也应当是平等的。

□ 关键知识链接 --

《中华人民共和国民法典》第十九条

八周岁以上的未成年人为限制民事行为能力人，实施民事法律行为由其法定代理人代理或者经其法定代理人同意、追认；但是，可以独立实施纯获利益的民事法律行为或者与其年龄、智力相适应的民事法律行为。

《国家工商行政管理总局关于未成年人能否成为公司股东问题的答复》（工商企字〔2007〕131号）

需要特别指出的是，虽然谢先生的儿子可以成为股东，但未成年人毕竟属于限制民事行为能力人，需要由谢先生夫妇离婚时协议约定的法定监护人代为行使股东权利。

与此同时，未成年人虽然可以成为股东，但不能作为公司的发起人股东，因为发起人股东在公司未能成立时应当承担法律赔偿责任，未成年人不具备赔偿主体资格。

□ 关键知识链接 --

《中华人民共和国民法典》第二十条

不满八周岁的未成年人为无民事行为能力人，由其法定代理人代理实施民事法律行为。

未成年人同样具有法律赋予的权利，民事行为能力是民事权利能力实现的条件。权利能力表明了作为民事主体的资格，行为能力则表明了民事主体以自己的行为行使权利和履行义务的能力。虽然未成年人可以成为公司的股东，但由于公司是企业法人，基于股东身份派生的一系列活动，如参加股东会表决、获得资产收益、参与重大决策、选择管理者等，都需要行为人具有完全的民事行为能力，所以由未成年人出任公司的股东时，这些活动的参加依法应由其法定代理人代理或征得法定代理人的同意。

2.3.3　中小股东如何保障自身合法权益

多数公司都实行所有权与控制权分离制，这就造成大多数公司的中小股东并不直接参与公司的经营管理，中小股东也因此对公司的经营情况一无所知，在信息不对称中处于弱势地位。

部分公司出现了控股股东为了达到一家独大的目的，利用自己的控制权弄虚造假、剥夺中小股东的合法权益的情形。

股东知情权是中小股东的基础性权利，行使股东知情权是中小股东有效制衡大股东的一种有效手段。但是，中小股东如果想要查阅账目，该如何合理有效地进行？

吴先生、钱先生与杜先生是一家房地产有限责任公司（简称房地产公司）的小股东。由于占股有限，他们在公司里并没有明确的职务，平常也不参与公司的经营。而赵先生是该房地产公司的大股东，也是法定代表人。

吴先生、钱先生与杜先生了解到：房地产公司因欠债而被十几家公司起诉。他们非常震惊，于是第一时间联系赵先生，想要查询公司账目。谁知，赵先生表示公司经营正常，他们没必要操心。

但是，吴先生等人认为，如果公司经营形势势很好，根本不可能对外欠那么多钱，他们担心大股东侵害公司利益，于是提出要查阅公司的财务材料。

赵先生一开始表示，这需要股东会的同意，却一直不做任何明确答复。随后，赵先生不再接听吴先生等人的电话。吴先生一行前往公司财务部，竟遭到了公司工作人员的阻挠。吴先生很疑惑：小股东就不能查阅公司的财务账目吗？

中小股东通过行使股东知情权获得财务信息，进而行使有效的监督权和决策权，这是公司法赋予中小股东的权利。

所以，针对本案例，吴先生等人可以查阅房地产公司自成立以来的财务账目。

这里，我们需要了解一个概念：股东知情权。

股东知情权是股东享有的对公司经营管理等重要情况或信息真实性进行了解和掌握的权利，是股东依法行使获得资产收益、参与重大决策和选择管理者等权利的前提和基础。

从立法价值取向角度看，股东知情权关键在于保护中小股东的合法权益。《中华人民共和国公司法》规定股东可以要求查阅公司会计账簿，账簿查阅权是股东知情权的重要内容。股东想了解公司经营状况，最重要的渠道之一就是查阅公司会计账簿。

▫ 关键知识链接 --

《中华人民共和国公司法》第五十七条

股东有权查阅、复制公司章程、股东名册、股东会会议记录、董事会会议决议、监事会会议决议和财务会计报告。

股东可以要求查阅公司会计账簿、会计凭证。股东要求查阅公司会计账簿、会计凭证的，应当向公司提出书面请求，说明目的。公司有合理根据认为股东查阅会计账簿、会计凭证有不正当目的，可能损害公司合法利益的，可以拒绝提供查阅，并应当自股东提出书面请求之日起十五日内书面答复股东并说明理由。公司拒绝提供查阅的，股东可以向人民法院提起诉讼。

股东查阅前款规定的材料，可以委托会计师事务所、律师事务所等中介机构进行。

股东及其委托的会计师事务所、律师事务所等中介机构查阅、复制有关材料，应当遵守有关保护国家秘密、商业秘密、个人隐私、个人信息等法律、行政法规的规定。

股东要求查阅、复制公司全资子公司相关材料的，适用前四款的规定。

结合本案例，吴先生等人作为小股东只有查阅会计账簿才能知晓公司真正的经营状况，其查阅目的符合法律规定，故有权查阅会计账簿。这是吴先生与其他中小股东应有的权利，也是股东的法律权利。

法律权利是指国家通过法律规定，对法律关系主体可以自主决定为或不为某种行为的许可和保障手段。股东享有股东权，股东权是基于股东地位而享有的权利。而股东知情权是指公司股东了解公司信息的权利。股东知情权主要包括会计账簿查阅权、公司运营材料查阅权，其目的是保障股东知晓公司事务的权利，以更全面地保护公司和股东权益，是公司监督权行使的一部分。股东作为公司的出资人，有权知悉公司的经营状况。

只有将原始凭证以及记账凭证等纳入查阅的范围，才能使股东知情权得到实质性保护。股东只有对公司的经营情况、财务状况有清晰的了解，才能避免公司控股股东等制作所谓的"黑账"而损害其他股东的合法权益。

□ 关键知识链接 ------------------------------------

《最高人民法院关于适用〈中华人民共和国公司法〉若干问题的规定（四）》第七条

股东依据公司法第三十三条、第九十七条或者公司章程的规定，起诉请求查阅或者复制公司特定文件材料的，人民法院应当依法予以受理。

公司有证据证明前款规定的原告在起诉时不具有公司股东资格的，人民法院应当驳回起诉，但原告有初步证据证明在持股期间其合法权益受到损害，请求依法查阅或者复制其持股期间的公司特定文件材料的除外。

《最高人民法院关于适用〈中华人民共和国公司法〉若干问题

的规定（四）》第八条

有限责任公司有证据证明股东存在下列情形之一的，人民法院应当认定股东有公司法第三十三条第二款规定的"不正当目的"：

（一）股东自营或者为他人经营与公司主营业务有实质性竞争关系业务的，但公司章程另有规定或者全体股东另有约定的除外；

（二）股东为了向他人通报有关信息查阅公司会计账簿，可能损害公司合法利益的；

（三）股东在向公司提出查阅请求之日前的三年内，曾通过查阅公司会计账簿，向他人通报有关信息损害公司合法利益的；

（四）股东有不正当目的的其他情形。

《最高人民法院关于适用〈中华人民共和国公司法〉若干问题的规定（四）》第九条

公司章程、股东之间的协议等实质性剥夺股东依据公司法第三十三条、第九十七条规定查阅或者复制公司文件材料的权利，公司以此为由拒绝股东查阅或者复制的，人民法院不予支持。

《最高人民法院关于适用〈中华人民共和国公司法〉若干问题的规定（四）》第十条

人民法院审理股东请求查阅或者复制公司特定文件材料的案件，对原告诉讼请求予以支持的，应当在判决中明确查阅或者复制公司特定文件材料的时间、地点和特定文件材料的名录。

股东依据人民法院生效判决查阅公司文件材料的，在该股东在场的情况下，可以由会计师、律师等依法或者依据执业行为规范负有保密义务的中介机构执业人员辅助进行。

需要特别指出的是，对公司股东所享有的会计账簿查阅权，法律持一种十分谨慎的态度。在以法律形式认可股东可以查阅公司会计账簿的同时，又对股东查阅权的行使设定了一定的约束性条件：一方面，在提出查阅的要求时，股东必须向公司递交书面的请求；

另一方面，股东在查阅公司会计账簿时应有合法目的，并且要向公司说明其目的。

广大中小股东该如何有效保护自身的股东知情权？具体建议如图 2-6 所示。

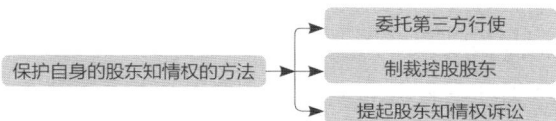

图 2-6　保护自身的股东知情权的方法

①委托第三方行使。为了防止控股股东利用自己的优势地位提供虚假账簿，中小股东可以委托专业的第三方机构对公司的信息进行查阅，如果发现控股股东提供的信息有误，可以要求其提供真实材料。

②制裁控股股东。中小股东可以通过行使股东知情权获得公司的相关信息和证据，进而对股东会决议行使撤销权，或者要求公司进行分红，对于控股股东损害公司利益的，可以通过股东代表诉讼来维护公司的合法权益。

③提起股东知情权诉讼。提起股东知情权诉讼也是中小股东对抗大股东、增强与大股东讨价还价能力的筹码。股东知情权诉讼的被告应仅为公司，股东知情权诉讼中中小股东胜诉后，法院会要求公司在指定的日期、指定的地点公布公司相关资料。

2.3.4　大股东恶意控制公司，拒绝分红怎么办

利润分配是所有股东关心的事情。现金分红是投资者获得投资回报的重要方式，也是公司培养长期投资者、增强资本市场吸引力的重要方式。

然而，大股东恶意地损害中小股东利润分配权的现象时有发

生，有些公司甚至出现了五年不分红的情况，严重破坏了公司的自治。

损害中小股东利润分配权常见的情况是公司不分配利润，中小股东无法获得分红，公司高管却领取过高的薪酬，或者公司的管理层操作公司投资一些与经营毫无关系的项目，从而隐瞒或者转移利润，严重损害中小股东的权益。

肖女士与其他股东共同出资1000万元成立了一家高科技有限公司。肖女士出资200万元，占股20%；公司的法定代表人是王先生，王先生占股55%。

公司成立后，在所有人的努力下公司接连拿下了几个大的项目。然而，公司从未向肖女士报告过实际经营状况和财务状况，致使肖女士无法了解公司的运营情况。

连续两年，公司都没有给肖女士分红。她通过朋友了解到，公司一直都处于盈利状态，单一个项目就获利了近500万元。肖女士找到王先生要求召开股东会，讨论分红的事情，但王先生只是推诿，始终不给肯定答复。

肖女士很担心王先生等大股东损害公司利益。但是，她又没有足够的证据证明这一点，她能否向法院要求判决强制分红？

面对这样的情形，肖女士可以先要求召开分配利润的股东会。召开股东会是必经程序，对股东会结果不服的，可以起诉至法院。

这是因为，股东履行了出资义务，理应享有分红的权利。

股东行使分红权的前提必须是公司确有利润可供分配，且利润分配符合公司的决策规则。《中华人民共和国公司法》规定股东会审议批准公司的利润分配方案。分配利润属于公司自治的范围，在股东会决议之前，股东仅拥有可期待利益，利益尚处于不确定状态，股东与公司未形成红利分配的债权债务关系，此时，法院不能强制分配利润。

法院不能主动介入公司的内部自治，但在公司出现特殊情况时，法院可以强行介入。例如法院不会干涉公司召开股东会确定分红比例和分红方式，但如果公司长期不开股东会，大股东恶意做空公司，损害了中小股东的利益，那么法院就可以介入。

需要特别说明的是，股东尽管有代表诉讼权利，但并不意味着股东任何时候都可以提起诉讼。股东如果认为自身利益受到损害，需要先请求董事会提起诉讼，如果董事会不提起诉讼，股东代表才能提起诉讼，这种规定对董事会和股东都有权利限制。即使股东代表在诉讼中获胜，利益还是归公司所有，不会归起诉股东所有。

□ 关键知识链接 ---

《最高人民法院关于适用〈中华人民共和国公司法〉若干问题的规定（四）》第十三条

股东请求公司分配利润案件，应当列公司为被告。

一审法庭辩论终结前，其他股东基于同一分配方案请求分配利润并申请参加诉讼的，应当列为共同原告。

《最高人民法院关于适用〈中华人民共和国公司法〉若干问题的规定（四）》第十四条

股东提交载明具体分配方案的股东会或者股东大会的有效决议，请求公司分配利润，公司拒绝分配利润且其关于无法执行决议的抗辩理由不成立的，人民法院应当判决公司按照决议载明的具体分配方案向股东分配利润。

《最高人民法院关于适用〈中华人民共和国公司法〉若干问题的规定（四）》第十五条

股东未提交载明具体分配方案的股东会或者股东大会决议，请求公司分配利润的，人民法院应当驳回其诉讼请求，但违反法律规定滥用股东权利导致公司不分配利润，给其他股东造成损失的除外。

《中华人民共和国公司法》第五十九条

股东会行使下列职权：

（一）选举和更换董事、监事，决定有关董事、监事的报酬事项；

（二）审议批准董事会的报告；

（三）审议批准监事会的报告；

（四）审议批准公司的利润分配方案和弥补亏损方案；

（五）对公司增加或者减少注册资本作出决议；

（六）对发行公司债券作出决议；

（七）对公司合并、分立、解散、清算或者变更公司形式作出决议；

（八）修改公司章程；

（九）公司章程规定的其他职权。

股东会可以授权董事会对发行公司债券作出决议。

对本条第一款所列事项股东以书面形式一致表示同意的，可以不召开股东会会议，直接作出决定，并由全体股东在决定文件上签名或者盖章。

《中华人民共和国公司法》第八十九条

有下列情形之一的，对股东会该项决议投反对票的股东可以请求公司按照合理的价格收购其股权：

（一）公司连续五年不向股东分配利润，而公司该五年连续盈利，并且符合本法规定的分配利润条件；

（二）公司合并、分立、转让主要财产；

（三）公司章程规定的营业期限届满或者章程规定的其他解散事由出现，股东会通过决议修改章程使公司存续。

自股东会决议作出之日起六十日内，股东与公司不能达成股权收购协议的，股东可以自股东会决议作出之日起九十日内向人民法院提起诉讼。

公司的控股股东滥用股东权利，严重损害公司或者其他股东利益的，其他股东有权请求公司按照合理的价格收购其股权。

公司因本条第一款、第三款规定的情形收购的本公司股权，应当在六个月内依法转让或者注销

《最高人民法院关于适用〈中华人民共和国公司法〉若干问题的规定（五）》第五条

人民法院审理涉及有限责任公司股东重大分歧案件时，应当注重调解。当事人协商一致以下列方式解决分歧，且不违反法律、行政法规的强制性规定的，人民法院应予支持：

（一）公司回购部分股东股份；

（二）其他股东受让部分股东股份；

（三）他人受让部分股东股份；

（四）公司减资；

（五）公司分立；

（六）其他能够解决分歧，恢复公司正常经营，避免公司解散的方式。

如果遇到公司长期不分红的情况，中小股东还可以采取以下方法进行解决。

①提议召开临时股东会，只要你占股10%以上，就可以直接通知其他股东参加股东会，如果股东会上你能拿到多数表决权，则可以直接对红利进行分配。

②如果公司连续五年不向股东分配利润且公司一直盈利，你可以强制公司收回股权。

③如果公司股东会长期达不成一致意见，导致公司的管理机制无法正常运转，你可以向法院申请解散公司，并进行清算。

2.3.5　签订干股协议，如何分红

干股同样是公司股权类型中常见的一种。很多人对干股有这样一种认知：干股以不缴纳出资为主要特征，是一种无任何投入的股权。

事实上干股并非如此。公司的发展目标是实现盈利，无论是技术干股还是信息干股、高管干股，都是人力资源的投入，干股可以被理解为人力资源转化为资本的一种外在表现形式。干股是一种很特别的股权类型，尤其对干股分红应当特别注意。

萧女士曾在某大型公司从事研发工作，拥有较大的技术优势。一次朋友聚会上，她与李先生相识，李先生知道萧女士的技术背景后，提出他出资，萧女士提供技术，共同成立公司。

萧女士接受了李先生的提议，并签订了股东协议书，约定：由李先生负责成立公司，李先生投入 1000 万元作为公司的注册资本，萧女士以技术入干股，李先生占股 60%，萧女士占股 40%。

公司成立后，工商登记显示为李先生占股 60%，萧女士占股 40%。公司运营两年来发展顺利，实现盈利 600 多万元，这时萧女士向李先生提出分红，李先生却告诉萧女士，资金全是他出的，萧女士没有任何出资，无权要求分红，协议约定也是无效的。

从法律层面来看，萧女士和李先生签订的股东协议书中对干股的约定是否有效？

答案是，萧女士和李先生签订的股东协议书合法有效，她有权要求按照股东协议书分配红利。

这是因为，干股是当事人在自愿的基础上达成的一种对知识和能力的合理评价，是资产雄厚一方与无资金一方谈判的结果。从公司的运营角度来说，公司能顺利发展，充足的资金只是一方面，技术、社会资源、管理能力对公司的发展也至关重要。在排除犯罪活动后，干股应受到法律的保护。

结合本案例，萧女士与李先生的约定没有违反法律规定，也未损害他人的利益，属有效约定，双方应按照约定履行相关义务。

口 关键知识链接 --

《中华人民共和国公司法》第二百一十条

公司分配当年税后利润时，应当提取利润的百分之十列入公司法定公积金。公司法定公积金累计额为公司注册资本的百分之五十以上的，可以不再提取。

公司的法定公积金不足以弥补以前年度亏损的，在依照前款规定提取法定公积金之前，应当先用当年利润弥补亏损。

公司从税后利润中提取法定公积金后，经股东会决议，还可以从税后利润中提取任意公积金。

公司弥补亏损和提取公积金后所余税后利润，有限责任公司按照股东实缴的出资比例分配利润，全体股东约定不按照出资比例分配利润的除外；股份有限公司按照股东所持有的股份比例分配利润，公司章程另有规定的除外。

公司持有的本公司股份不得分配利润。

《最高人民法院、最高人民检察院关于办理受贿刑事案件适用法律若干问题的意见》第二条

干股是指未出资而获得的股份。国家工作人员利用职务上的便利为请托人谋取利益，收受请托人提供的干股的，以受贿论处。进行了股权转让登记，或者相关证据证明股份发生了实际转让的，受贿数额按转让行为时股份价值计算，所分红利按受贿孳息处理。股份未实际转让，以股份分红名义获取利益的，实际获利数额应当认定为受贿数额。

干股又分为公司设立时干股和公司设立后干股，无论哪一种，公司并没有明确协议规定，在注册资金充裕的情况下，公司股东之间的内部约定只是对公司内部管辖的一种特殊调整，属于公司自治的范畴。

换言之，在现实生活中，一方出钱，一方出力的合作模式非常普遍。干股股东由于本身未出资，在法律上具有天然的风险，建议干股股东第一时间与合伙人签订干股协议，对自己的权利和义务进行约定，一旦发生争议，可以第一时间维护自己的合法权益。

常见的干股类型及内容如表 2.3-1 所示。

表 2.3-1　常见的干股类型及内容

干股类型	内容
管理干股	公司或股东赠与高管或者员工的股份
技术干股	公司或股东赠与公司技术人员的股份

2.3.6　易引发风险的六大问题及应对措施

公司股东共同建立的组织架构是公司运行的核心。而在现实中，有六个问题非常容易导致风险爆发，具体问题如表 2.3-2 所示。

表 2.3-2　常见的易引发公司风险的问题

问题	内容
公司结构形同虚设	没有良好的科学决策、良性的运行机制及执行力；股东会、董事会只是公司章程中的摆设
内部机制设计不科学	权责分配不合理，机构重叠、职能交叉或缺失，部门之间互相推诿扯皮，运行效率低下
未能规范有效地召开股东会	未对中小股东的权利采取必要的保护措施，导致其无法行使相应的权利
公私不分	公司及控股股东或实际控制人在资产、财务、人员方面未能实现完全独立
缺独立董事	在董事会及其审计委员会中没有适当数量的独立董事，或独立董事未发挥其应有的作用
权力约束不足	对经理层的权力缺乏有效的监督与约束

想要解决这几个问题，必须从以下三个方面入手。

1. 内部机构的设置方面。

（1）合理设置内部机构，形成各司其职、各负其责、相互制约、相互监督、相互协调的工作机制。

（2）对内部机构进行职能分解，确定岗位的名称、职责和工作要求，明确各个岗位的权限及相互关系。

（3）在确定职权和岗位分工的过程中，应当做到不相容职责相互分离，以相互制约。

2. 治理结构的设计方面

（1）明确董事会、经理层的职责权限、任职条件、议事规则和工作程序。

（2）根据公司的实际需要设立战略、审计、薪酬及绩效考核等专门的委员会，明确各委员会的职责权限、任职资格、议事规则和工作程序。

（3）董事会和经理层的产生程序应当合法合规，其人员构成、知识架构、能力素质应当满足履行职责的要求。

3. 组织架构的运行方面

（1）梳理公司现有的治理机构及内部设置，确保符合现代公司的制度要求。

（2）重点关注董事会及经理层的任职、履职情况以及运行效果。

（3）及时解决内部设置和运行中存在的职能交叉、缺失和运行效率低下等问题。

（4）定期对组织架构设计与运行的效率和效果进行全面评估，并不断优化组织架构。

2.4 股权架构设计中的退出机制

2.4.1 退出机制的重要性

在公司的经营过程中，部分股东出于各种原因想要退出公司。那么，这些股东该如何合理有效地退出呢？

王先生和李先生是朋友，李先生邀请王先生组建一家餐饮公司。王先生很信任李先生，双方签订了一份股份合作协议书后，王先生按约定的出资金额出资。公司成立后，因李先生在公司占70%的股权，故该公司一直由李先生经营管理。

在运营初期，李先生声称公司效益好，但没有向王先生支付投资分红。王先生起初并未质疑，六年来李先生一直都没有向王先生支付投资分红。其间王先生一旦问及投资分红和公司的经营情况，李先生就闪烁其词，逃避履行协议约定的义务。

王先生很生气，表示自己要退出公司。但李先生却告诉他，退出公司需要经过自己同意，否则他就不能退出。王先生很疑惑，真的是这样吗？

此案例中，王先生的确不能随便撤回投资。

这是因为，依据法律规定，股东不能随意撤回投资，否则就会有抽逃出资的嫌疑，将会受到行政和刑事处罚。

王先生虽然不能随意退出公司，但可以按照相关协议退出。如果双方在公司章程中有约定，那么应当按照约定退出。

结合本案例，如果王先生想要退出公司，根据《中华人民共和国公司法》的规定，王先生可以依据这个理由要求退出公司：公司连续五年不向股东分配利润，而公司该五年连续盈利，并且符合《中华人民共和国公司法》规定的分配利润的条件。

2.4.2　如何设计完美的合伙人／股东退出机制

为了避免合伙人／股东退出造成合伙人、股东之间的摩擦，给公司的发展带来不利影响，公司应当设计完美的退出机制，在保护每一位股东的权益的基础上，维护公司健康有序地发展。

以下是设计较为完美的退出机制的方法。

1. 提前设定退出机制，管理好合伙人预期

提前设定好退出机制，约定好合伙人在什么阶段退出公司时要退回股权和退回股权的形式。创业公司的股权价值是所有合伙人持续长期地服务于公司赚取的，当合伙人退出公司后，其所持的股权应该按照一定的形式退回公司。这样做一方面对继续留在公司的其他合伙人更公平，另一方面也便于公司持续稳定地发展。

2. 股东中途退出，股权溢价回购

对退出的合伙人的股权回购方式也要提前约定。公司可以按照当时公司的估值对合伙人手中的股权进行回购，回购的价格可以按照当时公司的估值适当溢价。

3. 设定违约金条款

为了防止合伙人退出公司却不退回股权，可以在股东协议中设定高额的违约金。

第 3 章

股权转让的相关内容

　　股权转让是企业经营中的常见现象。如果没有合理的股权转让机制，很容易出现各股东陷入争斗的僵局。所以，必须深研股权转让中的种种细节，以保证转让行为合法合规。

3.1 如何应对公司的股权转让

3.1.1 公司法中有关股东转让股权的规定

股东转让股权，在市场经济中很常见。很多股东对此充满疑惑：公司法对股权转让是如何规定的？是否有较精确的法条可以借鉴？

郭先生与姚先生、陈先生一起成立了一家广告公司。公司的主要经营人为郭先生与姚先生，陈先生并不参与管理。经过几年的发展，公司进入了较好的运营阶段，每年也会给陈先生分红。这时，郭先生与姚先生商议，要对股权进行重新分配。陈先生却表示，他已经将股权转让给他人，因为他不参与企业管理，所以即使转让股权也无妨。

郭先生与姚先生产生了一个疑问：陈先生这样做是否合理？

根据法律规定，陈先生这样做不合理。

这是因为，《中华人民共和国公司法》规定：股东向股东以外的人转让股权，应当经其他股东过半数同意。

案例中的陈先生尽管并没有参与公司的直接管理，同时正常获得分红，但转让股权依然需要征得郭先生和姚先生的同意，这是为了保护其他股东的权益。

关于股东转让股权，《中华人民共和国公司法》有着一系列非常明确的规定。我们不妨了解一下。

3.1.2　股东转让股权时没告知其他股东怎么办

公司经营中会出现一种情况：股东出于各种原因想要转让自己的股份，通过股权转让使利益最大化。但在这个时候，很可能会出现有些股东不通知其他股东，自行转让股权给第三人的情况。面对这种情况，现有股东该如何维护自身的权益？

吴先生与唐先生、高先生一起成立了一家食品加工公司，吴先生占股50%、唐先生占股25%、高先生占股25%，由吴先生担任公司的法定代表人和董事长。

公司成立初期，效益较好。不过随后几年由于受市场调控的影响，公司效益下降得非常明显。

吴先生接到高先生的电话，高先生表示他准备把其名下25%的股份以30万元的价格转让给他的亲戚王先生，以后公司有什么事情可以直接找王先生。

面对突如其来的通知，吴先生告诉高先生，希望他不要退出。但高先生态度很坚决。吴先生与唐先生商量了一下，两个人都不同意王先生加入，决定收购高先生的股份。

谁知，当吴先生把收购意见告诉高先生时，高先生明确予以拒绝。他说自己已经与王先生签订了股权转让协议，并且已经收了对方的转让款，不可能再退钱给王先生。面对这样的情形，吴先生与唐先生该如何行动？

面对这样的情形，唐先生与吴先生可以要求优先收购高先生的股份。

首先我们要了解几个知识点。为了维持有限责任公司的人合性和封闭性，《中华人民共和国公司法》赋予了股东三种权利，即表决权、否决权和优先购买权。在这三项权利中，优先购买权是指股东在同等条件下，优先从其他股东手中购买股份的权利。对转让股东来说，如果决心离开公司，其他股东应当积极行使优先购买权来维护自己的合法权益。

有限责任公司属于人合性公司，所以，股东要想进行股权转让，必须经过其他股东的过半数同意才能正式生效；没有过半数股东同意，就无法完成股权变更登记。因此，如果其他股东不同意，该股权转让协议只约束了出让股权的股东与第三人，对其他股东没有法律约束力。《中华人民共和国公司法》规定，股东转让股权时应通知其他股东，其他股东拥有优先购买权。这项规定的目的就在于保护其他股东对公司的全面管理，避免第三人介入公司，导致公司管理混乱。

▢ 关键知识链接 ···

《最高人民法院关于适用〈中华人民共和国公司法〉若干问题的规定（四）》第二十一条

有限责任公司的股东向股东以外的人转让股权，未就其股权转让事项征求其他股东意见，或者以欺诈、恶意串通等手段，损害其他股东优先购买权，其他股东主张按照同等条件购买该转让股权的，人民法院应当予以支持，但其他股东自知道或者应当知道行使优先购买权的同等条件之日起三十日内没有主张，或者自股权变更登记之日起超过一年的除外。

前款规定的其他股东仅提出确认股权转让合同及股权变动效力等请求，未同时主张按照同等条件购买转让股权的，人民法院不予支持，但其他股东非因自身原因导致无法行使优先购买权，请求损害赔偿的除外。

股东以外的股权受让人，因股东行使优先购买权而不能实现合同目的的，可以依法请求转让股东承担相应民事责任。

结合本案例，股权转让协议作为出让股权的股东与第三人签订的合同，属于双方自愿签订的，第三人并不清楚出让股权的股东与公司其他股东之间的关系，因此该股权转让协议成立。但是，吴先生和唐先生可以向高先生主张股权的优先购买权，但需要以30万元的价格进行购买，购买后吴先生和唐先生将获得原属于高先生的股权。

需要特别指出的是，第三人王先生虽然无法得到股权，但可以根据股权转让协议，要求高先生承担违约责任。

□ 关键知识链接 --

《最高人民法院关于适用〈中华人民共和国公司法〉若干问题的规定（四）》第十七条

有限责任公司的股东向股东以外的人转让股权，应就其股权转让事项以书面或者其他能够确认收悉的合理方式通知其他股东征求同意。其他股东半数以上不同意转让，不同意的股东不购买的，人民法院应当认定视为同意转让。

经股东同意转让的股权，其他股东主张转让股东应当向其以书面或者其他能够确认收悉的合理方式通知转让股权的同等条件的，人民法院应当予以支持。

经股东同意转让的股权，在同等条件下，转让股东以外的其他股东主张优先购买的，人民法院应当予以支持，但转让股东依据本规定第二十条放弃转让的除外。

《最高人民法院关于适用〈中华人民共和国公司法〉若干问题的规定（四）》第十九条

有限责任公司的股东主张优先购买转让股权的，应当在收到通知后，在公司章程规定的行使期间内提出购买请求。公司章程没有规定行使期间或者规定不明确的，以通知确定的期间为准，通知确定的期间短于三十日或者未明确行使期间的，行使期间为三十日。

《最高人民法院关于适用〈中华人民共和国公司法〉若干问题的规定（四）》第二十条

有限责任公司的转让股东，在其他股东主张优先购买后又不同意转让股权的，对其他股东优先购买的主张，人民法院不予支持，但公司章程另有规定或者全体股东另有约定的除外。其他股东主张转让股东赔偿其损失合理的，人民法院应当予以支持。

《中华人民共和国公司法》第八十五条

人民法院依照法律规定的强制执行程序转让股东的股权时，应当通知公司及全体股东，其他股东在同等条件下有优先购买权。其他股东自人民法院通知之日起满二十日不行使优先购买权的，视为放弃优先购买权。

《中华人民共和国公司法》第八十七条

依照本法转让股权后，公司应当及时注销原股东的出资证明书，向新股东签发出资证明书，并相应修改公司章程和股东名册中有关股东及其出资额的记载。对公司章程的该项修改不需再由股东会表决。

《中华人民共和国公司法》对股东优先购买权有一些规定，但大多属于强制性规定。建议公司在章程中设置约定性条款，以确保股权转让可以按照流程顺利进行。

公司在章程中可以约定如下。

①股东拟向股东以外的人转让股权的，应当首先向公司其他股东发出股权转让告知函，告知函上应当载明意向收购方、转让价格、付款期限、付款条件等内容。

②其他股东收到股权转让告知函后，应当在30日内回复是否同意转让，逾期不回复的，视作放弃优先购买权并同意转让。

③如果其他股东按时回复要求优先购买，回复函中应当明确告知收购价格、付款期限、付款条件。

④两个及以上股东同时要求购买的，价高者优先购买。

⑤其他股东放弃优先购买权的，应协助收购方办理股权变更手续。

3.1.3　大股东编造虚假股权协议书该如何处理

无论公司的规模大小，股权作为表决权和分红权的载体，在争夺公司控制权的过程中，是各方关注的焦点。

在现实商业活动中，当公司出现股权争夺现象时，一些大股东，往往并不将小股东放在眼里，做决策时通常也未将小股东考虑在内。而一旦小股东不愿意配合大股东行动，大股东往往会采取"先下手为强"的方法，例如伪造小股东的签字，直接将其股权转让给其他人，以达到清理异议股东的目的。

由于小股东的能力、实力有限，很多小股东面对这类情形时不知道该如何行动。那么，小股东到底应当怎样维护自己的合法权益呢？

李先生是一家生物科技有限责任公司的小股东，在公司主要负责售后等业务。一次很偶然的机会，他发现自己的股权被变更到大股东高先生名下，而自己对此并不知情。

李先生立刻展开调查。他查了公司的工商登记材料，发现高先生利用大股东的优势地位，制作了虚假的股东会决议及股权转让协议，伪造了他的签字，将股权变更在自己名下。面对这种情形，李先生是否可以向法院申请确认股权转让协议无效？

答案是，李先生可以向法院申请确认该股权转让协议无效。

这是因为，李先生的股权的自由处分权被非法侵害。

股权的自由处分权是现代公司制度的重要组成部分。合理畅通的股权转让程序能有效地促进公司筹资和资本流通、优化资源配置、完善公司治理结构以及达到股东的投资目的。股权转让当事人在订立股权转让协议时，除应遵守《中华人民共和国民法典》的规定之外，还应遵守《中华人民共和国公司法》的规定。

股权转让可以保证股权的流通性，也是一些股东退出公司的正常途径，有利于实现对公司的控制。

股权转让协议本质上是合同，只不过标的为股权而已，原则上股权转让协议自订立时生效。但是股权转让并未在订立协议时实际生效，只有在市场监督管理局进行相应的股东变更登记之后，股权的受让方才能取得股东身份。

结合本案例，大股东高先生伪造股权转让协议，将李先生名下的股权非法转让，违背了李先生的真实意思表示，侵害了李先生的股权处分权，违反了民法中的自愿原则，故该股权转让协议无效。需要特别指出的是，高先生的伪造行为已经侵害了李先生的合法权利，李先生可以要求高先生返还股权，也可以要求其赔偿自己的损失。

□ 关键知识链接 --

《中华人民共和国民法典》第一百四十三条

具备下列条件的民事法律行为有效：

（一）行为人具有相应的民事行为能力；

（二）意思表示真实；

（三）不违反法律、行政法规的强制性规定，不违背公序良俗。

《中华人民共和国民法典》第一百四十六条

行为人与相对人以虚假的意思表示实施的民事法律行为无效。

以虚假的意思表示隐藏的民事法律行为的效力，依照有关法律规定处理。

《中华人民共和国民法典》第一百五十五条

无效的或者被撤销的民事法律行为自始没有法律约束力。

《中华人民共和国民法典》第一百五十七条

民事法律行为无效、被撤销或者确定不发生效力后，行为人因该行为取得的财产，应当予以返还；不能返还或者没有必要返还的，应当折价补偿。有过错的一方应当赔偿对方由此所受到的损失；各方都有过错的，应当各自承担相应的责任。法律另有规定的，依照其规定。

《中华人民共和国公司法》第二十五条

公司股东会、董事会的决议内容违反法律、行政法规的无效。

《中华人民共和国公司法》第二十六条

公司股东会、董事会的会议召集程序、表决方式违反法律、行政法规或者公司章程，或者决议内容违反公司章程的，股东自决议作出之日起六十日内，可以请求人民法院撤销。但是，股东会、董事会的会议召集程序或者表决方式仅有轻微瑕疵，对决议未产生实质影响的除外。

未被通知参加股东会会议的股东自知道或者应当知道股东会决议作出之日起六十日内，可以请求人民法院撤销；自决议作出之日起一年内没有行使撤销权的，撤销权消灭。

需要特别指出的是，小股东可以通过民事起诉的方式来维权，但是否可以通过刑事诉讼的方式来解决这个问题尚未可知。因为大股东伪造小股东的签字，将股权变更到大股东名下，这一行为是否触犯刑法，刑法和司法解释均没有明确规定。

但有两个与之有关的司法文件值得关注，分别是《全国人民代表大会常务委员会法制工作委员会对关于公司人员利用职务上的便利采取欺骗等手段非法占有股东股权的行为如何定性处理的批复的意见》（以下简称《批复的意见》）和《公安部经侦局关于对非法占有他人股权是否构成职务侵占罪问题的工作意见》（以下简称《工作意见》）。

《批复的意见》规定，根据刑法第九十二条的规定，股份属于财产。采用各种非法手段侵吞、占有他人依法享有的股份，构成犯罪的，适用刑法有关非法侵犯他人财产的犯罪规定。该规定明确肯定了股权可以作为侵犯他人财产犯罪的犯罪对象。

《工作意见》规定，近年来，许多地方公安机关就公司股东之间或者被委托人采用非法手段侵占股权，是否涉嫌职务侵占罪问题请示当局。对此问题，当局多次召开座谈会并分别征求了高检、高法及人大法工委刑法室等有关部门的意见。近日，最高人民法院刑事审判第二庭书面答复：对于公司股东之间或者被委托人利用职务便利，非法占有公司股东股权的行为，如果能够认定行为人主观上具有非法占有他人财物的目的，则可对其利用职务便利，非法占有公司管理中的股东股权的行为以职务侵占罪论处。

尽管以上两个司法文件的效力有限，同时具有一定的争议性，但是在司法实践中，公检法机关多以此作为指导意见办理类似案件，这类案件在司法实践中也多以职务侵占罪追究行为人的刑事责任。

3.1.4 股东之间的股权转让

股权自由转让制度是现代公司制度最为成功的表现之一。而在公司内部做好股权转让的约定，则能够保证股权转让更加平稳，对公司发展起到稳定的意义。

张先生与陈先生共同组建了一家公司，几年之后，公司发展态势良好。不过，张先生因子女上学，想要移民到美国，因此想把自己的股权转让出去。张先生对陈先生说，自己要转让股权，有朋友希望接手。陈先生表示同意张先生的转让请求，但陈先生想要优先收购，给出的条件与张先生的朋友给出的条件一样。

张先生不知道陈先生的这个要求是否合理。

根据相关法律规定，陈先生的这一要求合理。

这是因为，《中华人民共和国公司法》明确了股权内部转让的有关规定，同时赋予股东优先收购权。

所谓股权内部转让，即公司股东之间的股权转让，是指股东将自己的股权全部或部分转让给公司其他股东的行为。在部分转让的情况下，公司的股权结构会发生变化，但股东人数不会因该转让而改变；在全部转让的情况下，股东人数会相应减少，受让股东的股份比例则会增加。

由于股权的内部转让不会改变公司的信用基础，且股权在股东间转让不会对公司产生实质性影响，所以大多数国家的公司法对此都没做出很严格的限制。

3.2 如何应对夫妻间的股权转让

3.2.1 共有股权夫妻一方能否自行处置

随着社会经济的发展，夫妻共有的家庭财产，除了传统的存款、不动产等，共同股权也受到了越来越多的关注。在婚姻存续期间，夫妻中一人或者二人在公司中占有股权，除非有夫妻财产协议约定，股权不论登记在谁名下，均属于夫妻共有。那么，夫妻一方是否有权利单方面对股权进行处置呢？

王先生从事广告策划行业，在一次聚会时认识了沈先生，沈先生表示："我与朋友现在一起经营房地产置业公司，现在年龄大了，不想再继续担任股东了。我在房地产置业公司中占有25%的股份，如果你感兴趣，我可以以2000万元的低价转让给你。"

王先生对沈先生的提议非常感兴趣，经过再三考虑，他同意了沈先生的提议。经过其他股东的同意，王先生与沈先生签订了股权转让协议，并按照协议约定一次性支付了股权转让款，沈先生也与王先生办理了工商变更手续。

谁知，就在签订股权转让协议一年后，沈先生电话通知王先生，表示他的妻子赵女士听说他低价转让股权后十分生气，并不愿意转让。沈先生表示，可以把 2000 万元退给王先生，并补偿期间的利息。但王先生不同意，明确拒绝了沈先生。

随后，赵女士又多次找到王先生，表示股权是她与沈先生夫妻二人共有的，沈先生无权单方面处置。王先生很疑惑：沈先生与自己签订的股权转让协议是否有法律效力？

答案是，王先生可以依法获得沈先生转让的股权。

原因有两点。首先，王先生属于善意的第三人，该取得属于善意取得。

善意取得，又称即时取得或即时时效，指动产或不动产占有人向第三人转移动产或不动产所有权或为第三人设定其他物权，即使动产或不动产占有人无处分的权利，善意受让人仍可取得动产所有权或其他物权的制度。

善意取得应当符合四个条件，如图 3-1 所示。

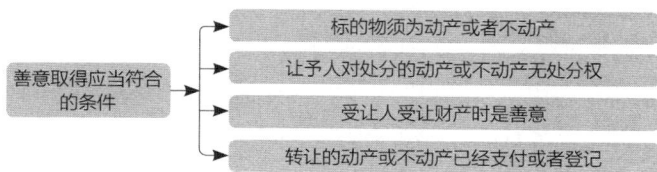

善意取得应当符合的条件	标的物须为动产或者不动产
	让予人对处分的动产或不动产无处分权
	受让人受让财产时是善意
	转让的动产或不动产已经支付或者登记

图 3-1 善意取得应当符合的条件

□ 关键知识链接 --

《中华人民共和国民法典》第三百一十一条

无处分权人将不动产或者动产转让给受让人的，所有权人有权追回；除法律另有规定外，符合下列情形的，受让人取得该不动产或者动产的所有权：

（一）受让人受让该不动产或者动产时是善意；

（二）以合理的价格转让；

（三）转让的不动产或者动产依照法律规定应当登记的已经登

记，不需要登记的已经交付给受让人。

受让人依据前款规定取得不动产或者动产的所有权的，原所有权人有权向无处分权人请求损害赔偿。

当事人善意取得其他物权的，参照适用前两款规定。

其次，股权尽管属于夫妻共同所有，但它作为一项特殊的权利，体现的不仅是财产权，还有分红权、决策权、监督权等权利。夫妻一方拥有股权，在夫妻关系存续期间，股权应当被认定为夫妻共同财产，夫妻共同财产仅包括股权中的财产权部分，不包括股权延伸出的决策权和管理权。股权中的决策权和管理权不属于夫妻共同财产。

转让股权必须经过半数股东的同意，其他股东享有优先购买权。即使股权属于夫妻共同财产，股东的配偶要成为公司的股东，也要征得其他股东的同意；在过半数股东不同意转让股权的情况下，非股东一方是无法成为公司股东的。由此可以看出，股权转让的重点是应征得股东同意，而不是配偶同意。

结合本案例，王先生从沈先生处购买股权，取得了其他股东的同意，并支付了对价，还按照程序办理了工商变更手续，王先生在获得股权的财产权的同时，也相应获得了管理权和监督权。同时，王先生与沈先生的股权交易并没有违反法律强制性规定，也没有恶意串通，王先生的购买行为属于法律上的善意取得，王先生所获得的股东地位应受法律保护。

▫ 关键知识链接 --

《中华人民共和国公司法》第四条

有限责任公司的股东以其认缴的出资额为限对公司承担责任；股份有限公司的股东以其认购的股份为限对公司承担责任。

公司股东对公司依法享有资产收益、参与重大决策和选择管理者等权利。

《最高人民法院关于适用〈中华人民共和国民法典〉婚姻家庭

编的解释（一）》第七十三条

人民法院审理离婚案件，涉及分割夫妻共同财产中以一方名义在有限责任公司的出资额，另一方不是该公司股东的，按以下情形分别处理：

（一）夫妻双方协商一致将出资额部分或者全部转让给该股东的配偶，其他股东过半数同意，并且其他股东均明确表示放弃优先购买权的，该股东的配偶可以成为该公司股东；

（二）夫妻双方就出资额转让份额和转让价格等事项协商一致后，其他股东半数以上不同意转让，但愿意以同等条件购买该出资额的，人民法院可以对转让出资所得财产进行分割。其他股东半数以上不同意转让，也不愿意以同等条件购买该出资额的，视为其同意转让，该股东的配偶可以成为该公司股东。

用于证明前款规定的股东同意的证据，可以是股东会议材料，也可以是当事人通过其他合法途径取得的股东的书面声明材料。

需要特别指出的是，由于沈先生出让股权的行为并未经赵女士同意，因此沈先生的股权转让行为侵害了赵女士的合法权益，赵女士可以向沈先生主张损害赔偿。

从这一案例中，我们可以了解到"家事代理权"这一概念。家事代理权，就是指夫妻双方因为家庭生活的需要，与第三人采取一定法律行为时相互代理的权利。夫妻双方作为生活的共同体，在日常家事处理方面互为代理人，互有代理权。

一般来说，家事代理权适用于以下四个方面，如图3-2所示。

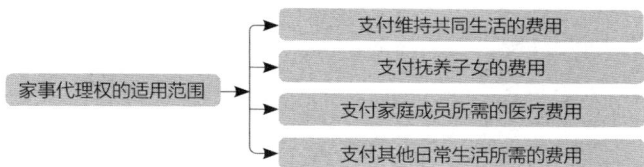

图3-2　家事代理权的适用范围

对于因日常生活需要而处理夫妻共同财产的，任何一方均有权决定，即任何一方当然地享有处分权，且一经做出决定即代表双方的共同意思表示，该家事行为对夫妻双方有效。但是，家事代理权仅适用于日常生活所需的范围，一旦超出这个范围，尤其是对重要财产事务的处理，夫妻双方应当协商一致，如果是一方擅自做出的决定，另一方可以否认。

对夫妻而言，股权是一种较为特别的共同权益，通常登记在夫妻一方名下。对没有登记的夫妻另一方来说，其身份类似于隐名股东，因为在法律上，夫妻之间存在着家事代理权。在股权转让时，如果要求受让人调查转让人的婚姻状况，对受让人来说无疑是一种负担，也妨碍了股权的自由流转。因此，受让人适用善意取得。

受让人如果要合法取得股权，应当符合以下条件：第一，受让人应为善意，受让人如果知道转让人在股权处分权上有瑕疵，受让人不受善意取得的保护；第二，受让人需支付合理价款，如果价格有失公允，不会被认定为善意取得；第三，股权变更登记结束，股权以登记为准，只有在工商登记上完成变更登记，受让人才真正取得了股权。

3.2.2　夫妻一方转移、隐匿股权，离婚阶段应如何处置

夫妻双方打算离婚时，在财产分割上难免存在矛盾，若一方转移、隐匿股权，另一方当事人该如何保护自己的权益？

陈女士与钱先生结婚，婚后二人感情较为和睦。婚后第二年陈女士与钱先生、胡先生共同成立了甲物流公司，陈女士占股 30%，其丈夫钱先生占股 45%，胡先生占股 25%，由钱先生担任公司的法定代表人及董事长职务。

公司成立后，经过大家的努力，收益逐年增长。陈女士出于各种原因，从公司运营中退出，将所有股权转让给丈夫钱先生，之后一直在家里照顾孩子。

不过，随着公司规模越来越大，钱先生回家的次数越来越少，脾气也越来越大。两人的感情也出了问题，陈女士心灰意冷，要求离婚，钱先生却以各种理由拒绝。

陈女士向法院递交了离婚起诉书。在法院开庭时，钱先生向法院出示了工商登记材料，上面显示法院审理期间，钱先生已经将其名下的公司股权转让给了自己的父亲，并办理了工商变更登记。

陈女士认为：自己起诉离婚后，丈夫恶意转让股权，是在转移财产。她有一些疑惑：自己能否向法院申请撤销丈夫钱先生和他父亲签订的股权转让协议呢？

类似的案件近年来频发，夫妻一方在离婚阶段转移或隐匿股权，以此达到侵占财产的目的。

面对这类案件，受侵害一方可以向法院申请撤销股权转让协议。

这是因为，夫妻关系存续期间的财产属于夫妻共同财产。对夫妻共同财产的处分属于夫妻之间的重大事项，夫妻双方应当取得一致意见。

夫妻中的一方在婚姻存续期间擅自处分股权的行为，属于效力待定行为，若另一方当事人明确不同意该股权转让行为，则该股权转让行为属于无效行为。

结合本案例，钱先生的父亲购买股权发生在陈女士与钱先生离婚诉讼期间，作为钱先生的父亲，其应当知道陈女士与钱先生离婚诉讼的事情，不符合善意第三人的身份，该股权转让行为属于钱先生与父亲恶意串通的行为，损害了陈女士的合法利益，该股权转让协议应无效。

▫ 关键知识链接 --

《中华人民共和国民法典》第一千零六十二条

夫妻在婚姻关系存续期间所得的下列财产，为夫妻的共同财产，归夫妻共同所有：

（一）工资、奖金、劳务报酬；

（二）生产、经营、投资的收益；

（三）知识产权的收益；

（四）继承或者受赠的财产，但是本法第一千零六十三条第三项规定的除外；

（五）其他应当归共同所有的财产。

夫妻对共同财产，有平等的处理权。

《中华人民共和国民法典》第一百五十四条

行为人与相对人恶意串通，损害他人合法权益的民事法律行为无效。

《中华人民共和国民法典》第一千零九十二条

夫妻一方隐藏、转移、变卖、毁损、挥霍夫妻共同财产，或者伪造夫妻共同债务企图侵占另一方财产的，在离婚分割夫妻共同财产时，对该方可以少分或者不分。离婚后，另一方发现有上述行为的，可以向人民法院提起诉讼，请求再次分割夫妻共同财产。

需要特别指出的是，股权转让协议与离婚诉讼的审理结果有重要的关系，当事人可以向法院申请暂时中止离婚诉讼，待股权转让协议确认无效后，再恢复离婚诉讼。

夫妻感情破裂后，若一方私自进行股权转让，应当从转让协议的受让人是否知晓、转让价格是否合理、是否实际支付转让价款等方面来确定转让协议的有效性。现行法律规定，夫妻一方如果存在恶意转移财产的行为，离婚时应少分或不分财产，这是对逃避法律责任的一种惩罚。

除私自转让股权外，转移财产的行为主要还表现在表 3.2-1 所示的四个方面，这些行为表现也应当引起当事人的注意。

表 3.2-1　转移财产的行为表现

行为表现	具体内容
秘密转移	一方在配偶不知情的情况下，将资产秘密转移
虚假过户	比较常见的就是把不动产等过户给朋友或父母
大额人寿保单	由于大额人寿保单具有指向性，有人可能会利用特定条件逃避财产分割，产生财产隔离
伪造债务	在离婚诉讼中通过伪造债务来增加夫妻共同债务，进而损害另一方的利益

3.3　如何应对公司股权继承状况

3.3.1　大股东出意外后其名下股权如何处理

股权继承同样是公司股权管理的重点内容。尤其当大股东发生意外后，不仅会引发民众的关注，还可能会让公司发展呈现出截然不同的趋势。例如，某公司刚刚获得 C 轮融资，前途一片光明，创始人 A 先生突然去世，给公司的前途蒙上了一片阴影。对公司来说，A 先生不仅是创始人和最大的股东，还是公司的管理核心和灵魂，A 先生突然去世，让公司的管理出现了真空。

A 先生的配偶希望继承 A 先生法定代表人的身份，但其他股东不同意。面对这样的问题，该如何解决？

董先生的父亲与贾先生、陶先生一起成立了甲化工公司，公司效益一直很好。董先生的父亲是公司的大股东，持有 72% 股份，同时还担任公司的董事长和法定代表人。

一次意外事件导致董先生的父亲离世。董先生是父亲的独子，年事已高的母亲明确表示放弃继承股权。于是，董先生找到贾先生、陶先生，希望继承父亲的股权和董事长职务。

谁知，贾先生、陶先生明确告诉他："虽然公司章程中没有明确约定继承的事情，但公司是有限责任公司，是以人为主的公司，我们与你的父亲志同道合才成立了这个公司。你太年轻，根本就不懂得如何管理好一家企业，因此我们不同意你继承股权，更不可能让你担任董事长。但是，我们可以分期给你一部分钱，收购你父亲名下的股份。"

董先生听了非常生气，他认为公司是父亲一生的心血，贾先生、陶先生想以低廉的价格来霸占公司。面对这样的情况，董先生可否继承父亲的股权呢？

现实情况是，即使其他股东不同意，董先生依然可以继承父亲的股权。

这是因为，如果公司章程没有特别约定，那么继承人有权继承股东的出资额及股东资格。

股东在公司的出资额系其生前合法财产，应当被认定为遗产，股东在公司的股东资格自然也可以由继承人继承。之所以做出这样的规定，是考虑到被继承人作为公司的股东，曾对公司做出过贡献，其法定继承人理应享有继承股东资格的权利，这符合我国传统。

同样，前面提到的 A 先生的配偶，也可以继承 A 先生法定代表人的身份，前提是 A 先生创办的公司的章程中对继承事宜没有特别约定。

□ 关键知识链接 ---

《最高人民法院关于适用〈中华人民共和国公司法〉若干问题的规定（四）》第十六条

有限责任公司的自然人股东因继承发生变化时，其他股东主张依据公司法第七十一条第三款规定行使优先购买权的，人民法院不予支持，但公司章程另有规定或者全体股东另有约定的除外。

《中华人民共和国公司法》第九十条

自然人股东死亡后，其合法继承人可以继承股东资格；但是，公司章程另有规定的除外。

案例中董先生作为父亲的合法继承人，在继承发生后，自然就获得了股权延伸出的财产权、管理权等，即使贾先生、陶先生拒绝，也改变不了董先生继承股权这一事实。如果贾先生、陶先生拒绝董先生担任董事长，董先生可以通过召开股东会的方式来解决。董先生占股72%，拥有绝对控股权，可以通过股东会决议成为董事长或法定代表人。

需要特别指出的是，法定继承人包括董先生和董先生的母亲。董先生的母亲放弃继承权这一事情，建议以公证的方式予以确认，董先生可携带公证书办理工商变更登记。

3.3.2 有特殊规定的股权如何继承

继承权的内容不仅包括股权，还包括很多其他内容。继承权是指继承人依法取得被继承人遗产的权利，是自然人基于一定的身份关系享有的权利。

遗产的范围如图 3-3 所示。

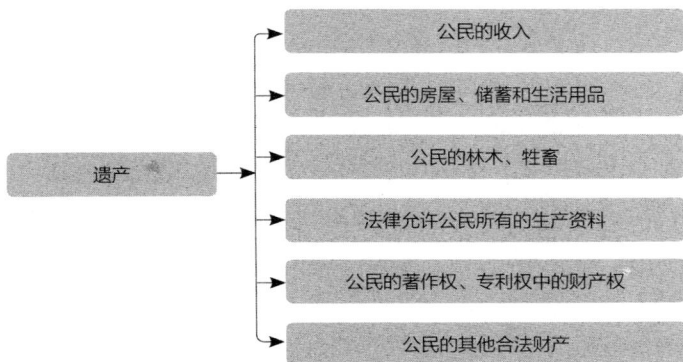

图 3-3 遗产的范围

公民可继承的其他合法财产还包括：有价证券，如股票、国库券、外币有价证券、债券等；公民的物权、债权，如抵押权、留置权以及因合同、侵权行为、无因管理、不当得利而产生的财产请求权。

□ 关键知识链接 --

《中华人民共和国民法典》第一千一百二十二条

遗产是自然人死亡时遗留的个人合法财产。

依照法律规定或者根据其性质不得继承的遗产，不得继承。

当然，如果公司章程对股东资格继承另有规定，那么应当按照规定进行。这样做是考虑到有限责任公司具有人合性，股东之间的合作基于相互间的信任，而自然人股东死亡后，其继承人毕竟不是原股东本人，股权实质上发生了转让。

之所以允许公司章程另行规定股东资格继承办法，主要是因为其他股东对原股东的信任并不能自然转变为对继承人的信任，也不一定愿意与继承人合作，由此可能会导致股东之间的纠纷，甚至形成僵局。因此，可在公司章程中规定："股东死亡，股东资格的继承要达到三分之二股东的同意；如果未达到，被继承人的股权应优先转让给其他股东。"这样可以最大化地保证公司的完整性。

有限责任公司以人合性为主，优先认购权是为了维护人合性而设置的。如果一味强调公民的继承权，会破坏有限责任公司的人合性。《中华人民共和国公司法》规定合法继承人可以继承自然人股东的股东资格，又规定了但书条款（又称"但书"，是法律条文中的一种特定句式，是对前文所作规定的转折、例外、限制、补充或附加条件的文字），这样可以很好地平衡继承权与股东优先认购权。

第 4 章

如何处理公司决策与股东纷争

　　股东会、董事会、法定代表人、大小股东……这些都是企业股权层面绕不开的关键词。小股东如何保护自身权益，股东会如何对一个问题做出决策等是本章要讲解的重点内容。

4.1 股东会与董事会

4.1.1 股东会的职责

股东会，是指由全体股东组成的、决定公司经营管理的重大事项的机构。

有一点需要特别注意：股东会的行为必须依赖自然人的意思表示和行动，这些自然人或者自然人的集合构成公司的组织机构。

通常来说，股份有限公司的股东人数较多，为了保障工作效率，不是每一位股东都会参与到管理之中，因此采取所有权与经营权分离的方式，由董事会作为公司业务的经营决策机构，负责公司的经营管理。

虽然部分股东并不直接参与公司管理，但是作为出资人，他们仍有必要通过一定的权力机构行使其作为出资人的权力，这个权力机构就是股东会。

股东会的职责就是反映股东的意志，决定公司重大事项。由于公司是由全体股东出资设立的，公司虽对公司财产享有独立法人财产权，但公司股东对公司享有最终所有权，这就决定了股东会作为公司权力机构的地位。

股东会的主要权力如表 4.1-1 所示。

表 4.1-1　股东会的主要权力

项目	内容
制定和修改权	公司章程由股东会制定和修改

续表

项目	内容
监管与任免权	公司的经营管理机构、监督机构的成员由股东会任免，对股东会负责
重大事项决定权	股东会根据法律和公司章程的规定，决定公司的重大事项；同时，股东会应当依法行使其权力，即应当行使法律规定的职权，并在行使职权时遵守法律规定的议事方式、表决方式及程序

同时，《中华人民共和国公司法》对股东会的运作也作出了明确规定。如果不按时召开股东会，股东有权进行追责。

¤ 关键知识链接 --

《中华人民共和国公司法》第一百一十二条

本法第五十九条第一款、第二款关于有限责任公司股东会职权的规定，适用于股份有限公司股东会。

本法第六十条关于只有一个股东的有限责任公司不设股东会的规定，适用于只有一个股东的股份有限公司。

《中华人民共和国公司法》第一百一十三条

股东会应当每年召开一次年会。有下列情形之一的，应当在两个月内召开临时股东会会议：

（一）董事人数不足本法规定人数或者公司章程所定人数的三分之二时；

（二）公司未弥补的亏损达股本总额三分之一时；

（三）单独或者合计持有公司百分之十以上股份的股东请求时；

（四）董事会认为必要时；

（五）监事会提议召开时；

（六）公司章程规定的其他情形。

4.1.2　董事会的职责

董事会，是由董事组成的、对内掌管公司事务、对外代表公司的经营决策和业务执行机构。公司设董事会，董事由股东会选举。

董事会对股东会负责，行使下列职权。

（1）召集股东会会议，并向股东会报告工作。

（2）执行股东会的决议。

（3）决定公司的经营计划和投资方案。

（4）制定公司的年度财务预算方案、决算方案。

（5）制定公司的利润分配方案和弥补亏损方案。

（6）制定公司增加或者减少注册资本以及发行公司债券的方案。

（7）制定公司合并、分立、解散或者变更公司形式的方案。

（8）决定公司内部管理机构的设置。

（9）决定聘任或者解聘公司经理及其报酬事项，并根据经理的提名决定聘任或者解聘公司副经理、财务负责人及其报酬事项。

（10）制定公司的基本管理制度。

（11）公司章程规定的其他职权。

4.2　股东会召开与股东会决议

4.2.1　股东可否委托别人参加股东会

公司召开的股东会，应依照《中华人民共和国公司法》和公司章程的规定程序，会议涉及公司发展的一些重要问题。参加股东会是股东权利的外在体现。但限于各种原因，股东有可能无法按时参加股东会，在这种情况下，股东能否委托第三人参加？

马先生是一家股份有限公司的一名股东，占股8%。近年来，公司发展非常顺利。就在前几天，他接到董事长的通知，要求他在指定时间参加股东会，会议要讨论公司新增的一个大型项目。

马先生看了一下时间，发现召开股东会的那天，自己有一个其他的重要会议要参加，他能否委托律师作为自己的代理人参加股东会？

答案是马先生可以委托律师作为代理人参加股东会。

这是因为，《中华人民共和国公司法》明确规定：股东可以委托代理人出席股东会会议。

当然，委托代理人出席同样要讲究流程，要取得其他股东的同意。委托的代理人不一定是律师，也可以是其他人，但股东要代理人参加股份有限公司的股东会必须有书面委托。

需要特别指出的是，关于委托书中的委托签字，往往容易引发极大的争议：授权人的签字存在伪造的可能。为了防止出现授权委托书被伪造的情况，可以要求双方对授权委托书进行公证，并对委托权限做出明确约定。

◻ 关键知识链接 --

《中华人民共和国公司法》第一百一十八条

股东委托代理人出席股东会会议的，应当明确代理人代理的事项、权限和期限；代理人应当向公司提交股东授权委托书，并在授权范围内行使表决权。

《中华人民共和国民法典》第一百六十二条

代理人在代理权限内，以被代理人名义实施的民事法律行为，对被代理人发生效力。

之所以进行授权委托，是因为股东会对公司来说是由全体股东组成的最高权力机关，不仅可以决定公司的董事，而且对公司的重大事项有着决策权。公司经营中时常会遇到各类重大问题，需要全体股东进行决策，因此，股东会的召开具有临时性。参加股东会参与表决既是公司股东的权利，也是一项以意思表示为要素的民事法律行为。

之所以允许委托代理人出席股东会，是因为市场经济的发展使得人们的生活日益丰富多彩，交易形式也日益多元化。许多民事活动无须事必躬亲，可以通过他人代理来达到自己的目的。代理制度的出现，一方面可以大大地提高市场交易效率，另一方面可以弥补某些人行为能力欠缺带来的不便。

需要特别注意的是，现实生活中并不是所有事项都可以委托别人代理自己办理的。依照法律规定或按照双方当事人约定，应当由本人实施的民事法律行为，不得由他人代理。

一般来说，涉及身份关系的事项，如结婚登记、离婚登记、自书遗嘱、收养子女、放弃继承或接受遗赠等一般不能由他人代理。除上述法律规定不得代理的事项外，其他的可由双方当事人进行约定。当自己遇到一些事情且分身乏术时，可委托其他人代自己办理。但是，被代理人必须在授权中将相关事项尽量明确，避免后续不必要的麻烦。

　　□ 关键知识链接 --

《中华人民共和国民法典》第一百六十一条

民事主体可以通过代理人实施民事法律行为。

依照法律规定、当事人约定或者民事法律行为的性质，应当由本人亲自实施的民事法律行为，不得代理。

尽管委托代理非常方便，但是美中不足的是，代理制度也必然会带来一些问题，如越权代理、表见代理等，这些都会给被代理人以及善意第三人带来不便。对于委托权限问题，建议在授权委托书中予以明确约定（见表4.2-1），避免出现超越权限的委托，导致股东会决议出现瑕疵。

表 4.2-1　明确授权委托书的委托权限

项目	内容
明确具体授权事项	例如在授权委托书中列明代为表决增资事项，明确除授权事项外，被委托人无权代表委托人做出任何行为或决定
明确具体授权期限	如果不写明具体的授权期限，授权的期限会被认定为无截止期限，存在被委托人在委托结束后继续使用授权委托书的风险
明确表决权和分红权	表决权和分红权是股东较为核心的两个权利，为了避免被委托人做出错误的意思表示，建议在授权委托书中载明委托人的意思表示，如载明对选举某人为法定代表人投赞成票

4.2.2　股东会决议如何传达才有法律效力

股东会是一家公司股东行使决策权的最佳方式。但是在部分公司的股东会中，大股东往往会倚仗自身的强势地位做出一些决议，这些决议伤害了中小股东的合法权益，甚至违反了相关法律规定。那么，股东会决议该如何传达，才能真正具有法律效力？

钱先生在一家公司里担任监事职务。这家公司共有股东五人，大股东是曹先生。钱先生接到曹先生的电话，在电话中曹先生表示，根据股东会决议，钱先生的监事职务已被撤销，希望他尽快来公司办理交接手续。

钱先生很惊讶：虽然监事职务并没有实权，但成立公司的时候，每个人就有明确分工，选自己做监事，就是因为自己可以中立地提出不同意见，避免公司发生损失。

钱先生认为曹先生这么做，明显是对自己前几天反对他的一个投资计划进行报复。而且股东会召开，钱先生根本就没收到通知，股东会召集程序违法。对此，曹先生表示：股东会召开的时间、地点及召开事项已经张贴在公司公示栏，召集程序合法，钱先生没来是个人原因，而且股东会决议超过 70% 表决权，股东会决议有效。

钱先生想要撤销这一股东会决议，他是否拥有这个权利？

答案是，钱先生有权要求撤销股东会决议。

这是因为，股东会会议通知是股东参加股东会的前提，是股东享有的一项重要的程序性权利。不论采取何种通知方式，成功通知到股东是最低要求。

而在本案例中，曹先生所在的公司采取公示栏张贴的通知方式显然不符合穷尽一切通知手段的要求，显然是通过该方法剥夺某些股东的参会权利，股东会决议存在瑕疵，召集程序违法，故该股东会决议应当撤销。

有限责任公司，作为人合性公司的代表，应当采取直接通知的方式通知每个股东参与股东会。有限责任公司经常出现负责人和控股股东为同一人的情况，这时股东会就成为小股东提出反对意见的主要途径。如果股东没有获得参加股东会的通知，那么股东会所作出的决议也是无法律效力的。

▢ 关键知识链接 --

《最高人民法院关于适用〈中华人民共和国公司法〉若干问题的规定（四）》第五条

股东会或者股东大会、董事会决议存在下列情形之一，当事人主张决议不成立的，人民法院应当予以支持：

（一）公司未召开会议的，但依据公司法第三十七条第二款或者公司章程规定可以不召开股东会或者股东大会而直接作出决定，并由全体股东在决定文件上签名、盖章的除外；

（二）会议未对决议事项进行表决的；

（三）出席会议的人数或者股东所持表决权不符合公司法或者公司章程规定的；

（四）会议的表决结果未达到公司法或者公司章程规定的通过

比例的；

（五）导致决议不成立的其他情形。

《中华人民共和国公司法》第二十五条

公司股东会、董事会的决议内容违反法律、行政法规的无效。

《中华人民共和国公司法》第二十六条

公司股东会、董事会的会议召集程序、表决方式违反法律、行政法规或者公司章程，或者决议内容违反公司章程的，股东自决议作出之日起六十日内，可以请求人民法院撤销。但是，股东会、董事会的会议召集程序或者表决方式仅有轻微瑕疵，对决议未产生实质影响的除外。

未被通知参加股东会会议的股东自知道或者应当知道股东会决议作出之日起六十日内，可以请求人民法院撤销；自决议作出之日起一年内没有行使撤销权的，撤销权消灭。

《中华人民共和国公司法》第二十四条

公司股东会、董事会、监事会召开会议和表决可以采用电子通信方式，公司章程另有规定的除外。

《中华人民共和国公司法》第六十四条

召开股东会会议，应当于会议召开十五日前通知全体股东；但是，公司章程另有规定或者全体股东另有约定的除外。

股东会应当对所议事项的决定作成会议记录，出席会议的股东应当在会议记录上签名或者盖章。

需要特别指出的是，《中华人民共和国公司法》中的公告通知一般应用于当事人下落不明或通过其他送达方式不能成功送达的情况，例如股份有限公司发行无记名股票后，召开股东会前应公告通知；对公司的合并、分立、减资、清算等事项应通过在报纸上公告通知债权人。公告通知属于对直接通知的补充，是在无法进行直接通知时的一种拟制通知形式，在通知的效果上很难有保障，因此对这种通知形式应当慎用。

通知公告义务是公司在股东取得股权后应该承担的一项义务。通知公告义务贯穿公司从成立到解散的始终。公司在成立之时应该在公司章程中载明具体的通知公告办法。公司召开各种会议时都需要向股东履行该项义务，例如股东会的召开、发起人的创立大会、董事会的召开，都需要确保每个股东收到通知，保证每个股东对公司相关事务的知情权、参与权和决策权。在股权转让时转让股东也应该通知其他股东，保证其他股东的优先购买权。

由于业务发展的需要，公司在发展过程中经常会遇到合并、分立等情况，发生此种情况时，公司要及时通知债权人，公司的合并与分立并不会消除原来对外所负的债务。公司在破产清算时清算组也应该通知通告债权人，如果未履行通知通告义务，导致债权人未及时申报债权而未获得清偿时，清算组要对此造成的损失承担赔偿责任。

需要特别指出的是，如果全部股东在某个议题上形成一致意见，可以不召集股东会而直接做出书面的股东会决定。

□ 关键知识链接 --

《最高人民法院关于适用〈中华人民共和国公司法〉若干问题的规定（四）》第一条

公司股东、董事、监事等请求确认股东会或者股东大会、董事会决议无效或者不成立的，人民法院应当依法予以受理。

《最高人民法院关于适用〈中华人民共和国公司法〉若干问题的规定（四）》第二条

依据民法典第八十五条、公司法第二十二条第二款请求撤销股东会或者股东大会、董事会决议的原告，应当在起诉时具有公司股东资格。

《最高人民法院关于适用〈中华人民共和国公司法〉若干问题的规定（四）》第三条

原告请求确认股东会或者股东大会、董事会决议不成立、无效或者撤销决议的案件，应当列公司为被告。对决议涉及的其他利害关系人，可以依法列为第三人。

一审法庭辩论终结前，其他有原告资格的人以相同的诉讼请求申请参加前款规定诉讼的，可以列为共同原告。

《最高人民法院关于适用〈中华人民共和国公司法〉若干问题的规定（四）》第四条

股东请求撤销股东会或者股东大会、董事会决议，符合民法典第八十五条、公司法第二十二条第二款规定的，人民法院应当予以支持，但会议召集程序或者表决方式仅有轻微瑕疵，且对决议未产生实质影响的，人民法院不予支持。

通常有以下三种送达方式。

①公司章程列明书面送达地址，具体方法为在公司章程中写明所有股东有效的书面送达地址，地址一旦确认，就可以使用邮寄的方式来送达通知书。

②公司章程列明 E-mail、短信、传真、微信、QQ 等送达方式为有效方式。书面邮寄有个很大的缺点，一旦股东搬离记录地或者手机号停机，就会产生无法送达的情况。与此相比，E-mail、短信、传真、微信、QQ 等电子数据的送达方式更有优势，只要发送至系统，就可以认定为送达完成。具体方法为在公司章程中列明 E-mail、短信、传真、微信、QQ 等送达方式为有效送达方式。

③公告送达方式。只有在专人、快递、传真、E-mail 等均无法送达且无法电话联系的情况下，才能以公告方式送达，公告送达以第一次公告刊登之日为送达之日，具体方法为在公司章程中列明公告送达的条件，避免产生争议。

★ 附录：股东会通知范本

×× 公司

年第　次临时股东会会议通知

各位股东：

兹定于　年　月　日召开公司　年第　次临时股东会，具体通知如下。

一、时间：　年　月　日

14：00 — 17：00

二、会议地点：

三、召集人：

四、主持人：

五、召开方式：现场会议、现场投票表决

六、出席人员：全体股东或委托代理人

七、会议将审议如下议案：

1.

·············

八、其他事项

联系人：　　　　　；联系电话：

请各位股东准时参加。

×× 公司董事会

年　月　日

确认回执

×× 公司董事会：

本人已收到　年　月　日　公司向我本人发出的就公司

事项召开的临时股东会的会议通知，特此通知。

股东：

年 月 日

4.3 解决大小股东纷争的策略

4.3.1 大股东抽资如何处理

大多数企业中，大股东往往是法定代表人或负责人，部分大股东会借助这一身份侵占公司的资产，并将公司的资产私用。而小股东往往由于不参与管理，无法直接查阅财务账簿，也无法了解公司的经营情况。

多数情况下，当小股东得知大股东侵害公司资产时，事情往往已经发生。根据法律规定，如果大股东侵害公司资产，公司可以起诉大股东，但由于大股东管理着公章和营业执照，所以大股东有抽逃的机会，小股东的利益往往很难得到保护。那么，小股东该如何解决大股东抽资这一问题呢？

宋先生与朋友焦先生、齐先生一起成立了一家生物工程公司，焦先生占股55%，宋先生占股30%，齐先生占股15%，公司由焦先生担任法定代表人及董事长，负责公司的全面管理，宋先生和齐先生主要负责公司的营销。

宋先生查阅公司的资产情况，发现在他不知情的情况下，焦先生将公司名下的一辆帕萨特轿车以偿还债务的名义转让给了方先生，事后他了解到，方先生是焦先生的妹夫。另外，宋先生通过财务账目了解到焦先生从公司账户转走了70万元，而且没有写明原因。

宋先生和齐先生很生气，认为焦先生这样做损害了公司利益，他们找焦先生理论，焦先生却说他转走70万元是经公司同意的行为，他是公司负责人，他有一定权限。请问，宋先生和齐先生能否直接起诉焦先生赔偿个人损失？

类似的事件在很多公司都有发生。很多人都认为在这种情况下，小股东可以要求大股东赔偿个人损失。

但事实上，焦先生损害的是公司利益，故宋先生和齐先生不能要求焦先生赔偿个人损失，只能要求焦先生赔偿公司损失。

这是因为，小股东以个人名义起诉，最终还是为了公司，能得到的赔偿亦归于公司，而非小股东个人。

类似的案例都有这样一个特点：大股东利用自己的控股地位及全面管理公司的便利条件，擅自将公司财产转入个人名下或利益相关人名下，受到直接损害的是公司利益，其他股东不应直接起诉大股东赔偿个人损失，否则就混淆了公司及股东的身份关系。

股东代表诉讼所获得的赔偿应当归于公司。这一点是我们都应当注意的。

▫ 关键知识链接 --

《中华人民共和国公司法》第一百八十条

董事、监事、高级管理人员对公司负有忠实义务，应当采取措施避免自身利益与公司利益冲突，不得利用职权牟取不正当利益。

董事、监事、高级管理人员对公司负有勤勉义务，执行职务应当为公司的最大利益尽到管理者通常应有的合理注意。

公司的控股股东、实际控制人不担任公司董事但实际执行公司事务的，适用前两款规定。

《中华人民共和国公司法》第一百八十一条

董事、监事、高级管理人员不得有下列行为：

（一）侵占公司财产、挪用公司资金；

（二）将公司资金以其个人名义或者以其他个人名义开立账户存储；

（三）利用职权贿赂或者收受其他非法收入；

（四）接受他人与公司交易的佣金归为己有；

（五）擅自披露公司秘密；

（六）违反对公司忠实义务的其他行为。

《中华人民共和国公司法》第一百八十三条

董事、监事、高级管理人员，不得利用职务便利为自己或者他人谋取属于公司的商业机会。但是，有下列情形之一的除外：

（一）向董事会或者股东会报告，并按照公司章程的规定经董事会或者股东会决议通过；

（二）根据法律、行政法规或者公司章程的规定，公司不能利用该商业机会。

《中华人民共和国公司法》第一百八十八条

董事、监事、高级管理人员执行职务违反法律、行政法规或者公司章程的规定，给公司造成损失的，应当承担赔偿责任。

结合本案例，宋先生和齐先生可以要求公司提起对焦先生的诉讼，如果公司的公章、营业执照等都掌握在焦先生手中，导致公司无法挽回损失，宋先生与齐先生的持股比例已经超过10%，有权直接代表公司提起诉讼，该诉讼在法律上称为股东代表诉讼。胜诉后，所执行的财产重新归入公司名下，各个股东可以再按照公司章程进行分红。

所谓股东代表诉讼，又称派生诉讼、股东代位诉讼，是指当公司的合法权益受到不法侵害而公司怠于起诉时，公司的股东即以自己的名义起诉，而所获赔偿归于公司的一种诉讼形态。

股东代表诉讼是作为原有公司内部监督制度失灵的补救设计存在的，故其适用的前提条件之一就是公司内部救济手段的用尽。内部救济手段的用尽包括以下三种情况。

①董事会、董事收到股东书面请求后拒绝提起诉讼。

②董事会、董事收到股东书面请求后 30 日内未提起诉讼。

③情况紧急，不立即提起诉讼会损害公司利益并且难以弥补。在上述情况下，股东有权为了公司利益以自己的名义起诉大股东。

需要注意的是，如果案例中的宋先生和齐先生直接以个人名义提起诉讼，需要完成前置程序。股东前置程序是指在股东提起诉讼前，必须首先书面请求公司监事会或董事会提起诉讼。

□ 关键知识链接 ------------------------------

《中华人民共和国公司法》第一百八十九条

董事、高级管理人员有前条规定的情形的，有限责任公司的股东、股份有限公司连续一百八十日以上单独或者合计持有公司百分之一以上股份的股东，可以书面请求监事会向人民法院提起诉讼；监事有前条规定的情形的，前述股东可以书面请求董事会向人民法院提起诉讼。

监事会或者董事会收到前款规定的股东书面请求后拒绝提起诉讼，或者自收到请求之日起三十日内未提起诉讼，或者情况紧急、不立即提起诉讼将会使公司利益受到难以弥补的损害的，前款规定的股东有权为公司利益以自己的名义直接向人民法院提起诉讼。

他人侵犯公司合法权益，给公司造成损失的，本条第一款规定的股东可以依照前两款的规定向人民法院提起诉讼。

公司全资子公司的董事、监事、高级管理人员有前条规定情形，或者他人侵犯公司全资子公司合法权益造成损失的，有限责任公司的股东、股份有限公司连续一百八十日以上单独或者合计持有公司百分之一以上股份的股东，可以依照前三款规定书面请求全资子公司的监事会、董事会向人民法院提起诉讼或者以自己的名义直接向人民法院提起诉讼。

为了防止类似事件出现，在此，我们向小股东提出表 4.3-1 所示的四点建议。

表 4.3-1　小股东应对公司管理的措施

项目	内容
规范管理权	小股东虽然不直接参与管理，但应当在公司的管理制度方面建言献策
合理运用股东知情权	对小股东而言，其应当及时地行使法律赋予自己的股东知情权，对股东会决议或者财务报表及时进行监督。只有及时行使监督权，才有助于避免公司的利益受损
有效监督财务	股东可以要求查阅公司会计账簿。股东要求查阅公司会计账簿的，应当向公司提出书面请求，说明目的
合理认定职务侵占罪	控股股东或者大股东利用自己的管理优势擅自将公司的资金挪用，并且拒绝返还的，已经涉嫌构成职务侵占罪，小股东可以通过刑事维权的方式来保护自己的合法权益

4.3.2　大股东引入风险投资如何处理

在公司运营过程中，经常会有这样的情形出现：大股东倚仗自己的强势地位，在不通知小股东的情况下，引入风险投资。很多小股东知道后，往往这样安慰自己：虽然我是管理者，但公章都见不着，年底有分红就行，这些事情我就不管了。

但事实上这样做是有很大风险的。面对大股东引入风险投资（简称风投）的情况，小股东到底怎么做才能维护自己的合法权益呢？

蒋女士在一次培训活动中认识了冯先生，冯先生表示：自己手头有一个很不错的环保项目。蒋女士经过考察认为该项目可行，就与冯先生共同成立了一家环保公司，冯先生占股 65%，蒋女士占股 35%。

公司成立后，两人进行了内部分工：冯先生负责整体项目的运作，蒋女士负责项目的营销和财务。项目一开始运作得很顺利，在二人的共同努力下，公司快速发展。

但在公司发展过程中，蒋女士和冯先生的运营理念出现了很大的分歧，冯先生希望引入风投资金，继续扩大规模，蒋女士认为公司现在还处于生存阶段，应当以稳扎稳打的方式发展。

两个人在股东会上吵得很凶，在一次内部营销会议上，他们再次因为引入风投资金的问题争吵了起来，冯先生明确告诉蒋女士，五天之内把股权转让给他，否则他就停止营业。

蒋女士觉得冯先生是在要挟自己，她想知道冯先生作为大股东，是否有权强制小股东把股权转让给他？

大股东作为公司的管理者，全面掌控公司的管理、运营等，拥有多数表决权，可以全面压制小股东，小股东很难阻止公司向着与自己利益相反的方向前进，大股东也经常通过增加债务降低利润、增加管理成本减少净资产、持续不分红等方式排挤小股东。

针对此案例，现实情况是，冯先生无权要求蒋女士将股权转让给他。

这是因为，股权转让协议是一种特殊的合同，其签订应该遵循平等、自愿、公平、诚实守信和善良风俗原则。任何人都不能把自己的意志强加给别人。

现实生活中，大股东利用自己的股权优势和管理地位损害小股东利益的情况时有发生，而小股东拒绝签字导致公司陷入僵局的事情也屡见不鲜。多个股东在一起共同经营公司，初衷是取长补短，共同经营好公司，而不是相互掣肘，导致公司无法正常运营。鉴于此，《中华人民共和国公司法》规定了多种正常的退出机制，如股东间转让股权、公司收购股东手中的股权等。无论是大股东还是小股东，都应该采用合法的途径来维护自己的权益。

另外，冯先生作为公司的法定代表人及董事长，如果在公司运营正常的情况下，擅自停止运营，损害了公司的利益，则应当赔偿公司的损失。

▫ 关键知识链接 --------------------------------------

《中华人民共和国公司法》第一百八十八条

董事、监事、高级管理人员执行职务违反法律、行政法规或者公司章程的规定，给公司造成损失的，应当承担赔偿责任。

需要特别指出的是，如果冯先生一意孤行，而蒋女士与冯先生之间的矛盾越来越大，公司无法继续运营时，蒋女士可以向法院申请解散公司，对公司资产进行清算。

▫ 关键知识链接 --------------------------------------

《中华人民共和国公司法》第二百三十一条

公司经营管理发生严重困难，继续存续会使股东利益受到重大损失，通过其他途径不能解决的，持有公司百分之十以上表决权的股东，可以请求人民法院解散公司。

4.3.3　大股东如何强化控制权

实践中，还存在小股东"绑架"大股东的情况。公司发展前期吸引了一些小股东，这些小股东前期对公司的发展有利，但随着公司规模的扩大，这些小股东开始表现出另外一面，不仅在其他公司兼职，不参与任何管理，还整天要求分红，在公司拟扩大规模需要融资时，这些小股东往往拒绝签字，导致公司发展陷入僵局。

面对这种情况，大股东可以参考表 4.3-2 所示的措施进行处置。

表 4.3-2　大股东强化控制权的措施

项目	内容
利用公司章程约定"强制退出机制"	大股东可以在公司章程中明确约定小股东如果从公司离职，应当将股份强制优先转让给其他股东，对于不在公司任职的小股东，法律允许公司章程对其做出股权约束
利用股权代持模式	大股东可以和小股东签订股权代持协议，由大股东为小股东代持股权，这样做的最大好处就是避免了工商登记的麻烦，也避免了公司在增资时，小股东恶意不签字导致项目搁浅的问题，还规避了小股东频繁使用股东知情权，恶意查账的问题

续表

项目	内容
通过增资稀释小股东的持股比例	如果大股东持有三分之二公司表决权，在公司章程没有特别约定的情况下，大股东有权召开股东会并通过增资的决议，即使小股东反对，增资依然会正常进行； 增资决议中一般会约定原股东有权按照出资比例实缴新增出资，如果小股东没有能力跟随增资，小股东的持股比例会被稀释，小股东持股比例下降后，董事会中小股东的人数会进一步减少，大股东的控制权会进一步提高

归根结底，公司的大股东与小股东之间因发展理念或其他原因而产生争议时，各方应尽量避免受情绪影响而做出损害公司利益的恶意行为。一旦持续对立，实际上损害的还是股东自己的利益。建议心平气和地处理纠纷，找到一个平衡点来达到双方的目的。

4.4　法定代表人的权利与义务

4.4.1　法定代表人是否要承担连带责任

对于法定代表人，很多人有这样的认知：法定代表人就是公司的代表人和负责人，要承担许多责任。但是，法定代表人具体要承担怎样的责任，很多人却并不了解。所以，我们必须学习相关知识。

陈先生与金先生、陶先生是大学同学，毕业后他们决定一起创业。三人很看好红酒生意，恰巧陈先生有亲戚在智利，可以帮公司联系货源。

2014年2月，三人共同成立了红酒销售公司，陈先生占股55%，金先生占股25%，陶先生占股20%，陈先生担任法定代表人和董事职务。公司成立后，他们积极开拓市场渠道，使公司业务逐渐走上正轨。

由于红酒市场竞争非常激烈，公司资金有限，逐渐落入下风。后来，公司与一个大客户签订了订单，并付给公司 20 万元，但由于公司营运能力有限，出现了供货不足的状况。客户表示：如果公司不能履约，陈先生作为法定代表人就应当承担连带责任。

陈先生很紧张，他产生了一个疑问：如果公司不能按期履约，自己作为法定代表人，是否也要承担连带赔偿责任？

在此案例中，陈先生个人不承担赔偿责任。

这是因为，法人是法律上拟制的人，其本身不具有自然状态下的行为能力。法人的行为只有通过自然人才能体现和实施，自然人代表法人的行为最终由法人享有权利并承担相应义务。

结合本案例，陈先生虽然是公司的法定代表人，但其所从事的工作是职务行为，所有的行为结果应当由公司承担，陈先生不需要对外承担责任。

在此，我们需要了解"有限责任"的含义。公司法中设置的有限责任，指的是公司以全部资产对外承担责任，股东以实缴的出资额为限对公司承担责任。法定代表人也是股东，处于公司管理的核心地位，是代表公司行使职权的负责人，其行为产生的后果由公司承担。

法定代表人的行为从民事角度来说属于职务行为，其行为导致的后果由公司负责，个人并不承担责任。不过，公司作为市场主体，也会遇到刑事责任和行政责任，对于公司的犯罪行为，法院在审理时不仅会处罚公司，也会处罚公司负责人，公司负责人多被理解为法定代表人。对于行政处罚，若公司存在非法经营，行政机关除对公司进行处罚外，还会对法定代表人或实际控制人给予行政处罚。

例如，公司因不按时记账报税或者不按时发布年报造成公司被列入工商税务黑名单的，公司的法定代表人的信用也会受限，出行乘坐公共交通工具也会受到影响。

需要特别指出的是，虽然公司欠款，法定代表人不承担连带偿还责任，但法定代表人可能会被列入失信黑名单。

例如，在公司因不履行法律文书确定的义务而被申请强制执行时，人民法院可以对法定代表人采取相应的强制措施，例如列入失信被执行人名单，被禁止高消费，不能乘坐飞机、办理银行贷款，信用卡受限，等等。

还有一点需要特别强调，因法定代表人的故意、过失或者违反法律、行政法规或公司章程的规定而给公司造成损失的，公司有权就该损失向法定代表人主张赔偿责任。

▫ 关键知识链接 --

《中华人民共和国公司法》第十一条

法定代表人以公司名义从事的民事活动，其法律后果由公司承受。

公司章程或者股东会对法定代表人职权的限制，不得对抗善意相对人。

法定代表人因执行职务造成他人损害的，由公司承担民事责任。公司承担民事责任后，依照法律或者公司章程的规定，可以向有过错的法定代表人追偿。

《中华人民共和国民法典》第六十条

法人以其全部财产独立承担民事责任。

《中华人民共和国民法典》第六十一条

依照法律或者法人章程的规定，代表法人从事民事活动的负责人，为法人的法定代表人。

法定代表人以法人名义从事的民事活动，其法律后果由法人承受。

法人章程或者法人权力机构对法定代表人代表权的限制，不得对抗善意相对人。

《中华人民共和国民法典》第六十二条

法定代表人因执行职务造成他人损害的，由法人承担民事责任。

法人承担民事责任后，依照法律或者法人章程的规定，可以向有过错的法定代表人追偿。

法定代表人是建立法人制度的内在要求。

现实中，公司的名义法定代表人与实际控制人不一致的情形很多。名义法定代表人即挂名法定代表人。挂名法定代表人指的是与公司实际股东或实际控制人达成口头或书面协议，充当工商登记的法定代表人。当公司出现法律风险的时候，挂名法定代表人一定要证明自己是"挂名"的，否则可能会对公司的违约行为承担违约责任，也可能会承担刑事责任。我国刑法规定的某些罪名中，除了对单位进行处罚，还可能追究直接负责的主管人员，在这种情况下，挂名法定代表人要承担刑事责任。

法定代表人的更换事项可以由公司章程进行约定，由股东会进行决议。股东会决议的事项包括一般事项和特殊事项，《中华人民共和国公司法》里列举了特殊事项，例如修改公司章程、增加或者减少注册资本，以及公司合并、分立、解散或者变更公司形式。特殊事项决议，必须经代表三分之二以上表决权的股东通过。一般事项决议只需要经代表二分之一以上表决权的股东通过。《中华人民共和国公司法》规定，股东会会议由股东按照出资比例行使表决权，但公司章程可以自由约定。像更换法定代表人等重要事项，可以由公司章程进行约定，例如约定要求代表三分之二以上表决权的股东通过。

▫ 关键知识链接 ------------------------------------

《中华人民共和国公司法》第十条

公司的法定代表人按照公司章程的规定，由代表公司执行公司事务的董事或者经理担任。

担任法定代表人的董事或者经理辞任的，视为同时辞去法定代表人。

法定代表人辞任的，公司应当在法定代表人辞任之日起三十日内确定新的法定代表人。

4.4.2 挂名法定代表人是否要担任刑事责任

很多人并不知道，担任挂名法定代表人有很大的风险，甚至还要承担一定的刑事责任。

韩先生从大学毕业后，一直在家经营网店销售服装等物品。他的大学同学沈先生找到他，说公司管理者李先生委托沈先生寻找一个信得过的人担任公司的挂名法定代表人，沈先生第一时间想到了韩先生。

一开始，韩先生有些担心，问沈先生为什么自己不做。沈先生表示，他已经担任了李先生的另一家公司的挂名法定代表人。沈先生还告诉韩先生，如果担任挂名法定代表人，公司管理者李先生每个月会给韩先生 1000 元作为酬劳，而且韩先生不需要参加公司的任何经营，只要在公司需要的时候去签个字就行了，公司的任何问题都与他无关。

为了打消韩先生的顾虑，沈先生表示，李先生可以跟韩先生签订股权代持协议，并在协议中写明公司所有责任都由李先生承担。

韩先生有些犹豫，他不知道如果公司出了问题，自己作为挂名法定代表人，是否需要承担相应的责任。

什么都不做即可成为法定代表人，并且似乎不用承担任何责任。事实真的是这样吗？

现实情况是，如果韩先生能证明自己没有参与公司经营，也没有参与重大失误决策，那么其不用承担刑事责任。

这是因为，根据刑法的规定，对于单位犯罪案件，只追究直接负责的主管人员和其他直接责任人员的刑事责任。

所以，并不是公司所有人员都会被追究刑事责任。

所谓直接负责的主管人员，是在单位实施的犯罪中起决定、批准、授意、纵容、指挥等作用的人员，一般是单位的主管责任人，包括法定代表人。其他直接责任人员，是在单位犯罪中具体实施犯罪并起较大作用的人员，既可以是单位的经营管理人员，也可以是单位的职工，包括聘任、雇佣的人员。

应当注意的是，在单位犯罪中，对于受单位领导指派参与实施了一定犯罪行为的人员，一般不宜作为直接责任人员追究刑事责任。

☐ 关键知识链接 ···

《中华人民共和国刑法》第三十一条

单位犯罪的，对单位判处罚金，并对其直接负责的主管人员和其他直接责任人员判处刑罚。本法分则和其他法律另有规定的，依照规定。

《最高人民法院关于适用〈中华人民共和国公司法〉若干问题的规定（三）》第二十四条

有限责任公司的实际出资人与名义出资人订立合同，约定由实际出资人出资并享有投资权益，以名义出资人为名义股东，实际出资人与名义股东对该合同效力发生争议的，如无法律规定的无效情形，人民法院应当认定该合同有效。

前款规定的实际出资人与名义股东因投资权益的归属发生争议，实际出资人以其实际履行了出资义务为由向名义股东主张权利的，人民法院应予支持。名义股东以公司股东名册记载、公司登记机关登记为由否认实际出资人权利的，人民法院不予支持。

实际出资人未经公司其他股东半数以上同意，请求公司变更股东、签发出资证明书、记载于股东名册、记载于公司章程并办理公司登记机关登记的，人民法院不予支持。

韩先生作为挂名法定代表人，没有起到策划、组织、领导作用，股权代持协议中也载明公司的实际控制人是李先生，因此，若公司出事韩先生不会承担刑事责任。

需要特别指出的是，在刑事责任方面，实际控制人操纵公司实施经济性犯罪，例如非法集资、骗取银行贷款，往往会要求挂名法定代表人配合签字，如果挂名法定代表人已经意识到实际控制人利用公司实施以上犯罪行为，却放任这种犯罪行为发生，那么挂名法定代表人很可能也要作为从犯承担刑事责任。

4.4.3　如何更换法定代表人及董事

公司的法定代表人是依法代表公司行使民事权利、履行民事义务的主要负责人，对外代表公司行使职权，在一定情况下，法定代表人即可代表公司签字。在公司章程对公章及营业执照等没有特殊约定的情况下，法定代表人被视为公章和营业执照的管理者。

不过，法定代表人并不是终身制的。由于公司人事调整、股权变动等，法定代表人也会产生相应的更迭，包括董事同样也会进行更换。那么，该如何处理法定代表人及董事的更换呢？

贾先生、童先生、严先生、郭先生共同成立了甲贸易公司，童先生占股40%、贾先生占股30%、严先生占股20%、郭先生占股10%，公司由童先生担任法定代表人及董事，由严先生担任监事。公司成立后，在大家的共同努力下，公司运营取得了良好的成果。

然而，在一次对外贸易过程中，童先生不顾几个股东的反对，执意要与某公司进行市场交易。这项交易导致公司损失了100多万元，其他几个股东意见非常大，要求童先生不再担任法定代表人及董事，但童先生明确表示拒绝，并且拒绝召开股东会会议。

严先生以监事的名义召开了临时股东会会议，股东会会议最终表决赞成票为 60%，并决议撤销童先生的法定代表人及董事的职务，由贾先生担任法定代表人及董事。童先生拒绝在股东会决议上签字，并提出更换法定代表人及董事属于重大事项，必须经代表三分之二以上表决权的股东通过，现在这一决议没有经过代表三分之二以上表决权的股东通过，故股东会决议无效。

这家公司的章程中，只约定了股东会的议事方式和表决办法遵照《中华人民共和国公司法》的规定执行，并没有约定其他内容。现在，其他股东产生了疑问：在公司章程没有约定的情况下，更换法定代表人及董事是否需要经代表三分之二以上表决权的股东同意？

对于这个案例，如果公司章程没有特别约定，并且公司章程中没有法定代表人名字，决议经代表二分之一以上表决权的股东通过即视为有效。

这是因为，《中华人民共和国公司法》对股东会决议中的特殊事项进行了规定，对特殊事项必须经代表三分之二以上表决权的股东通过方为有效。

所谓特殊事项，包括修改公司章程、增资、减资、合并、分立、解散、变更公司形式等，除此以外，一般事项经代表过半数表决权的股东通过即可。而案例中贾先生等股东要解决公司存在的问题，即可遵循这一原则。

结合本案例，公司股东认为童先生已经不适合担任法定代表人及董事，不属于公司的特殊事项，因此，股东会的决议经代表二分之一以上表决权的股东通过即有效。

□ 关键知识链接 --------------------------------

《中华人民共和国公司法》第六十二条

股东会会议分为定期会议和临时会议。

定期会议应当按照公司章程的规定按时召开。代表十分之一以上表决权的股东、三分之一以上的董事或者监事会提议召开临时会议的，应当召开临时会议。

《中华人民共和国公司法》第三十五条

公司申请变更登记，应当向公司登记机关提交公司法定代表人签署的变更登记申请书、依法作出的变更决议或者决定等文件。

公司变更登记事项涉及修改公司章程的，应当提交修改后的公司章程。

公司变更法定代表人的，变更登记申请书由变更后的法定代表人签署。

公司法定代表人的形式意义大于实质意义，只要是股东，都可以担任公司法定代表人。

结合案例，如果公司章程中列明了公司法定代表人，并且法定代表人童先生的名字也在公司章程中，那么更换法定代表人的同时需要修改公司章程，在此特殊情况下，更换法定代表人需要经代表三分之二以上表决权的股东同意。

需要特别指出的是，对于公司法定代表人及董事的更换，公司股东如果希望保持稳定性及严肃性，可以在公司章程中明确约定更换法定代表人及董事属于特殊事项，只有经过代表三分之二以上表决权的股东通过方为有效。具体可以在公司章程中表述为"法定代表人的任免需经代表三分之二以上表决权的股东同意"。

第 5 章

如何控制公司章程与印章

公司章程通常明确了公司股东的职责、权限与企业发展战略；而公司印章则像公司的身份证一般，是公司对外的身份体现。必须设计好公司章程，同时加强对印章的保护、规范应用，这样才能保证公司的合法利益不受侵害。

5.1 公司章程的意义及基本特征

5.1.1 公司章程的法律意义

公司章程是指公司依法制定的，规定了公司名称、住所、经营范围、经营管理制度等重大事项的基本文件，也是公司必备的规定公司组织及其活动基本规则的书面文件。公司章程是股东共同一致的意思表示，载明了公司组织和活动的基本准则，是公司的宪章。公司章程具有法定性、真实性、自治性和公开性的基本特征。公司章程与公司法一样，共同肩负调整公司活动的责任。作为公司组织与行为的基本准则，公司章程对公司的成立及运营具有十分重要的意义，它既是公司成立的基础，也是公司赖以生存的关键。

公司章程一经有关部门批准，并经公司登记机关核准即对外产生法律效力。公司依公司章程享有各项权利，并承担各项义务。符合公司章程的行为受国家法律的保护；违反公司章程的行为，有关机关有权对其进行干预和处罚。

公司章程规定了公司组织和活动的原则及其细则，包括经营目的、财产状况、权利与义务关系等，为投资者、债权人和第三人与该公司进行经济交往提供了条件和资信依据。凡依据公司章程与公司进行经济交往的人，依法可以得到有效的保护。

公司章程作为公司的自治规范，是由以下内容所决定的。

（1）公司章程作为一种行为规范，不是由国家而是由公司股东依据公司法自行制定的。公司法是制定公司章程的依据。公司法只能规定公司的普遍性问题，不可能顾及各个公司的特殊性。而每个公司依照公司法制定的公司章程能反映本公司的实际情况，为公司提供行为规范。

（2）公司章程是一种法律外的行为规范，由公司自己遵照执行，无须国家强制力来保障实施。当出现违反公司章程的行为时，只要该行为不违反法律、法规，则可以由公司自行解决。

（3）公司章程作为公司内部的行为规范，其效力仅及于公司和相关当事人，而不具有普遍的约束力。

5.1.2 公司章程的基本特征

公司章程的基本特征如图 5-1 所示。

图 5-1 公司章程的基本特征

1. 法定性

法定性主要强调公司章程的法律地位、主要内容及修改程序、效力都由法律强制规定，任何公司都不得违反。公司章程是公司设立的必备资料之一，无论是设立有限责任公司还是设立股份有限公司，都必须由全体股东或发起人订立公司章程，并且必须在公司设立登记时提交登记机关进行登记。

2. 真实性

真实性主要强调公司章程记载的内容必须是客观存在的与实际相符的事实。

3. 自治性

自治性主要体现在：其一，公司章程作为一种行为规范，不是由国家而是由公司依法自行制定的，是公司股东意思表示一致的结果；其二，公司章程是一种法律以外的行为规范，由公司自己遵照执行，无须国家强制力来保障实施；其三，公司章程作为公司的内部规章，其效力仅及于公司和相关当事人，而不具有普遍的约束力。

4. 公开性

公开性主要是对股份有限公司的公司章程而言的。公司章程的内容不仅要对投资人公开，还要对包括债权人在内的一般社会公众公开。

基于这些基本特征，公司章程具有如下效力。

1. 对公司的效力

公司章程是公司组织与行为的基本准则，公司必须遵守并执行公司章程。根据公司章程，公司对股东负有义务。因此，一旦公司侵犯了股东的权利与合法利益，股东就可以依照公司章程对公司提起诉讼。

2. 对股东的效力

公司章程是公司的自治规章，每一个股东，无论是参与公司初始章程制定的股东，还是以后因认购或受让公司股份而加入公司的股东，公司章程对其均产生约束力，股东必须遵守公司章程的规定。

若股东违反公司章程，公司可以依据相关规定对其提出诉讼。但应当注意的是，股东只是以股东成员的身份受到公司章程的约束，如果股东是以其他身份与公司发生关系，则公司不能依据公司章程对股东主张权利。

3. 对股东相互之间的效力

公司章程构成了股东之间的契约关系，使股东相互之间负有义务，因此，如果一个股东的权利因另一个股东违反公司章程的规定而受到侵犯，则该股东可以依据公司章程对违反章程规定的股东提出权利请求。

但应当注意，股东提出权利请求的依据应当是公司章程中规定的股东相互之间的权利义务关系，如有限责任公司股东对转让股权的优先购买权，而不是股东与公司之间的权利义务关系。如果有股东不履行对公司的义务而使公司的利益受到侵害，则其他股东不能对其直接提出权利请求，而只能通过公司或以公司的名义提出。

★ 附件：有限责任公司公司章程模板

为保障公司和公司股东的合法权益，规范公司的经营管理，依据《中华人民共和国公司法》及其他有关法律、行政法规的规定，[ ]和[ ]共同出资设立[ ]有限公司（以下简称公司），经全体股东讨论，并共同制定本章程。

本章程中的各项条款与法律、法规、规章不符的，以法律、法规、规章的规定为准。

条款解释

根据《中华人民共和国公司法》的规定，有限责任公司的股东人数不能超过50人。

第一章 公司的名称和住所

第一条 公司名称：[ ]公司。

第二条 公司住所：[ ]。

第二章 公司经营范围

第三条 公司经营范围：[ ]。

条款解释

依法须经批准的项目，经相关部门批准后方可开展经营活动。

第三章 公司注册资本

第四条 公司注册资本：人民币[ ]元。

公司增加或减少注册资本，必须召开股东会会议，由全体股东通过并作出决议。公司减少注册资本，还应当自作出决议之日起十日内通知债权人，并于三十日内在报纸上至少公告三次。公司变更注册资本应依法向登记机关办理变更登记手续。

条款解释

2023年修订的公司法取消了有限责任公司最低注册资本3万元的要求。2023年新修订的公司法，规定全体股东认缴的出资额由股东按照公司章程的规定自公司成立之日起5年内缴足。同时规定，在新修订的公司法施行前已登记设立的公司，出资期限超过新公司法规定期限的，除法律、行政法规或者国务院另有规定外，应当逐步调整至本法规定的期限以内。

第四章 股东的姓名或名称、出资方式、出资额和出资时间

第五条 股东的姓名（名称）、认缴出资额（万元）、出资时间及出资方式如下。

序号	股东名称	认缴出资额	出资方式	出资时间

第六条 公司成立后，应向股东签发出资证明书并置备股东名册。

第五章 股东的权利和义务

第七条 股东享有以下权利：

（1）参加和授权代理人参加股东会会议；

（2）了解公司经营状况和财务状况；

（3）选举和被选举为董事；

（4）优先购买其他股东的股权；

（5）获取股利；

（6）有权查阅股东会会议记录和公司财务报告；

（7）优先购买公司新增的注册资本；

（8）公司终止后，依法对公司清算。

第八条 股东承担以下义务：

（1）遵守公司章程；

（2）遵守《中华人民共和国公司法》等法律法规规定；

（3）按期缴纳出资。

第六章 公司的机构及其产生办法、职权、议事规则

第九条 公司股东会由全体股东组成，是公司的权力机构，行使下列职权：

（1）决定公司的经营方针和投资计划；

（2）选举和更换非由职工代表担任的董事，决定有关董事的报酬事项；

（3）审议批准董事会的报告；

（4）审议批准公司的年度财务预算方案、决算方案；

（5）审议批准公司的利润分配方案和弥补亏损方案；

（6）对公司增加或者减少注册资本作出决议；

（7）对发行公司债券作出决议；

（8）对公司合并、分立、解散、清算或者变更公司形式作出决议；

（9）修改公司章程；

（10）对股东向股东以外的人转让股权作出决议；

（11）其他。

条款解释

公司章程可以在《中华人民共和国公司法》强制性规定的基

础上做进一步的约定，例如，可以约定更换法定代表人及其他重要事项。

第十条 首次股东会会议由出资最多的股东召集和主持，股东会依照《中华人民共和国公司法》规定行使职权。

第十一条 股东会会议分为定期会议和临时会议。

定期会议每年召开一次。代表十分之一以上表决权的股东或三分之一以上的董事提议召开临时会议的，应当召开临时会议。

召开股东会会议，应当于会议召开十五日以前通知全体股东。但是，全体股东另有约定的除外。

股东无暇出席股东会会议也可书面委托他人参加股东会会议，受托人只可行使委托书中载明的权利。

条款解释

对股东会会议召开的时间和方式，《中华人民共和国公司法》允许在公司章程中进行如下约定：第一，定期会议，可约定为半年召开一次；第二，召开股东会会议，提前通知的时间，可缩短为十日；第三，可约定，情况紧急需要召开临时会议，通知人可以通过口头、电话、E-mail、微信、QQ等方式通知全体股东，并通知需要审议的事项。

第十二条 股东会会议由董事会召集，董事长主持；董事长不能履行职务或者不履行职务的，由副董事长主持；副董事长不能履行职务或者不履行职务的，由半数以上董事共同推举一名董事主持。

第十三条 股东会应当对所议事项的决定作成会议记录，出席会议的股东应当在会议记录上签名。

股东会会议由股东按照实缴的出资比例行使表决权。

股东会会议做出修改公司章程、增加或者减少注册资本的决议，以及公司合并、分立、解散或者变更公司形式的决议，必须经代表三分之二以上表决权的股东通过。

股东会会议作出除前款以外事项的决议，须经代表全体股东过半数表决权的股东通过。

条款解释

本条是核心条款，直接关系到公司的控制权，《中华人民共和国公司法》明确规定股东之间可以就表决权以及表决的比例自行约定，具体表现在以下几点：第一，表决权可以不按照出资比例行使，股东之间可以按照影响力重新分配表决权，例如，出资比例为20%，但可以享有60%的表决权；第二，重大事项增加，如对于撤换公司的法定代表人、董事长等，要求必须经代表三分之二以上表决权的股东通过；第三，重大事项表决比例可以提高，如要求代表五分之四以上表决权的股东通过；第四，如各股东对某一股东特别信任，可以赋予该股东重大事项一票否决权。

第十四条 公司向其他公司投资或者为他人提供担保，由股东会作出决定。

公司为公司股东或者实际控制人提供担保的，必须经股东会决议。股东或者受前款规定的实际控制人支配的股东，不得参加前款规定事项的表决。该项表决由出席会议的其他股东所持表决权的过半数通过。

条款解释

公司投资或担保对公司来说是很重要的事情，一旦运营不慎，可能导致公司陷入困境。《中华人民共和国公司法》允许公司章程对投资或担保的总额及单项投资、单项担保数额进行限制，以避免股东滥用权利，给公司造成损失。

第十五条 公司设董事会，成员为三人，由股东会选举产生。董事任期为每届三年。董事任期届满，可以连选连任。

董事任期届满未及时改选，或者董事在任期内辞职导致董事会成员人数低于法定人数的，在改选出的董事就任前，原董事仍应当依照法律、行政法规和公司章程的规定履行董事职务。

董事会设董事长一人，董事长由董事会选举。

条款解释

《中华人民共和国公司法》规定，规模较小或者股东人数较少的有限责任公司，可以不设董事会，设一名董事，行使董事会的职权。

第十六条 董事会对股东会负责，行使下列职权：

（1）负责召集和主持股东会会议，检查股东会会议的落实情况，并向股东会报告工作；

（2）执行股东会的决议；

（3）决定公司的经营计划和投资方案；

（4）制定公司的年度财务预算方案、决算方案；

（5）制定公司的利润分配方案和弥补亏损方案；

（6）制定公司增加或者减少注册资本以及发行公司债券的方案；

（7）制定公司合并、分立、解散或者变更公司形式的方案；

（8）决定公司内部管理机构的设置；

（9）提名并选举公司总经理，根据总经理提名，聘任或者解聘公司副总经理、财务负责人并决定其报酬事项；

（10）制定公司的基本管理制度；

（11）公司章程规定的其他职权。

董事长为公司法定代表人，行使以下职权：

（1）负责召集和主持董事会会议，检查董事会会议的落实情况，并向股东会和董事会报告工作；

（2）执行股东会决议和董事会决议；

（3）代表公司签署有关文件；

（4）其他。

条款解释

对董事会和董事长的职权，可以继续扩大，如对一些公司来说，对商业机会的把握或对重大风险事项的管控非常重要，可授权董事会或董事长在特大自然灾害、重大政策变动等紧急事件发生后，对公司事务行使特别处置权。为避免董事会或董事长滥用该特别处置权，可约定董事会行使特别处置权必须符合公司利益，否则应赔偿公司损失，并在事件发生后召开股东会会议，向股东会报告。

第十七条 董事会会议由董事长召集和主持；董事长不能履行职务或者不履行职务的，由副董事长召集和主持；副董事长不能履行或者不履行职务的，三分之一以上的董事可以提议召开董事会会议，并应于会议召开十日前通知全体董事。

条款解释

对董事会会议的召集和通知，可做进一步的完善和修改，具体如下：第一，可约定在董事长和副董事长不履行职务时，任何一名董事均可提议召开董事会；第二，董事会会议应提前通知所有董事，通知的方式可以是口头、书面、E-mail、微信、QQ等，通知时间可以自行约定。

第十八条 董事如不能出席董事会会议，可以书面委托其他董事代为出席，由受托人依法行使委托书中载明的代理权限。非董事不得代理出席董事会。

第十九条 董事会对所议事项做出的决定由全体董事过半数表决通过方为有效。

董事会应当对所议事项的决定作成会议记录，出席会议的董事应当在会议记录上签名。

董事会决议的表决，实行一人一票。

条款解释

对于董事会的决议，可以有更严格的约定，如约定董事会会议必须有三分之二以上董事出席，董事会决议事项由全体董事三分之二以上通过方为有效。

第二十条 公司股东会会议、董事会会议的决议内容违反法律、行政法规的无效。

股东会、董事会会议的召集程序、表决方式违反法律、行政法规或者公司章程，或者决议内容违反公司章程的，股东可以自决议作出之日起六十日内，请求人民法院撤销。

公司根据股东会、董事会决议已办理变更登记的，人民法院宣告该决议无效或者撤销该决议后，公司应当向公司登记机关申请撤销变更登记。

第二十一条 公司设总经理一名，副总经理若干，由董事会决定聘任或者解聘。经理对董事会负责，行使下列职权：

（1）主持公司的生产经营管理工作，组织实施董事会决议；

（2）组织实施公司年度经营计划和投资方案；

（3）拟订公司内部管理机构设置方案；

（4）拟订公司的基本管理制度；

（5）制定公司的具体规章；

（6）提请聘任或者解聘公司副经理、财务负责人；

（7）决定聘任或者解聘除应由董事会决定聘任或者解聘以外的管理人员；

（8）董事会授予的其他职权。

条款解释

总经理这一岗位不是必须设立的，如果公司较小，可不设置总经理岗位。

第二十二条 监事列席股东会会议和董事会会议，并对股东会会议及董事会会议决议事项提出质询或者建议。

监事发现公司经营情况异常，可以进行调查。必要时，可以聘请会计师事务所等协助其工作，费用由公司承担。

第二十三条 公司监事行使职权所必需的费用，由公司承担。

第七章 公司法定代表人

第二十四条 公司法定代表人由董事长担任，任期为三年，由董事会选举产生和罢免，任期届满，可连选连任。

条款解释

公司法定代表人也可由股东中的指定人员担任。

第八章 股权转让

第二十五条 股东之间可以相互转让其全部或者部分股权。

条款解释

股权转让是股东加入和退出公司的方式，股东可以在公司章程中约定股权转让按照《中华人民共和国公司法》的规定办理，也可以在公司章程中做一些个性化的约定，具体如下：第一，公司成立五年内，任何人不得转让股权；第二，股东死亡后，合法继承人不能直接取得股权，其他股东可以优先购买，拒绝购买的，合法继承人才可以获得股权；第三，如员工所持股份为干股，离职或退休时必须退股；第四，对股权转让价格可以进行明确约定，以避免争议，可约定以工商登记的股权价格作为基数。

第二十六条 转让股权后，公司应当注销原股东的出资证明书，向新股东签发出资证明书，并相应修改公司章程和股东名册中有关股东及其出资额的记载。对公司章程的该项修改无须再由股东会表决。

第二十七条 有下列情形之一的，对股东会该项决议投反对票的股东可以请求公司按照合理的价格收购其股权：

（1）公司连续五年不向股东分配利润，而公司该五年连续盈利，并且符合《中华人民共和国公司法》规定的分配利润条件的；

（2）公司合并、分立、转让主要财产的；

（3）公司章程规定的营业期限届满或者公司章程规定的其他解散事由出现，股东会会议通过决议修改公司章程使公司存续的。

条款解释

该条是对股权强制收回的约定，可对"合理价格"做进一步约定，例如可以是工商登记所记载的价格，也可以是以公司上一年度末的净资产为基数所计算的价格。

第九章 财务、会计、利润分配及劳动用工制度

第二十八条 公司应当依照法律、行政法规和国务院财政主管部门的规定建立本公司的财务、会计制度，并应在每个会计年度终了时制作财务会计报告，并依法经会计师事务所审计，于次年3月31日前将财务会计报告送交各股东。

第二十九条 公司分配当年税后利润时，应当提取利润的百分之十列入公司法定公积金。公司法定公积金累计额在公司注册资本的百分之五十以上的，可以不再提取。

公司的法定公积金不足以弥补以前年度亏损的，在依照前款规定提取法定公积金之前，应当先用当年利润弥补亏损。

公司从税后利润中提取法定公积金后，经股东会决议，还可以从税后利润中提取任意公积金。

公司弥补亏损和提取公积金后所余税后利润，按照股东实缴的出资比例分配。

条款解释

对剩余的税后利润，《中华人民共和国公司法》明确规定股东之间可以不按照出资比例分配，可自行约定，例如，可按照股东对公司的重要度和贡献度，确定分红权。

第三十条 公司聘用、解聘承办公司审计业务的会计师事务所由股东会决定。

第三十一条 劳动用工制度按国家法律、法规及国务院劳动部门的有关规定执行。

第十章 公司解散和清算

第三十二条 公司的营业期限为二十年，自公司营业执照签发之日起计算。

第三十三条 公司因下列原因解散：

（1）公司营业期限届满；

（2）股东会决议解散；

（3）因公司合并或者分立需要解散；

（4）依法被吊销营业执照、责令关闭或者被撤销；

（5）人民法院依照《中华人民共和国公司法》的规定予以解散。

公司营业期限届满时，可以通过修改公司章程而存续。

第三十四条 公司经营管理发生严重困难，继续存续会使股东利益受到重大损失，通过其他途径不能解决的，持有公司全部股东表决权百分之十以上的股东，可以请求人民法院解散公司。

第三十五条 公司因本章程第三十三条第一款第（1）项、第（2）项、第（4）项、第（5）项规定解散时，应当按照《中华人民共和国公司法》的相关规定进行清算。

清算结束后，清算组应当制作清算报告，报股东会确认，并报送公司登记机关，申请注销公司登记，公告公司终止。

第三十六条 公司被依法宣告破产的，依照有关公司破产的法律实施破产清算。

第十一章 董事、高级管理人员的义务

第三十七条 高级管理人员，是指公司的经理、副经理、财务负责人。

第三十八条 董事、高级管理人员应当遵守法律、行政法规和公司章程，对公司负有忠实义务和勤勉义务，不得利用职权收受贿赂或者其他非法收入，不得侵占公司的财产。

第三十九条 董事、高级管理人员不得有下列行为：

（1）挪用公司资金；

（2）将公司资金以其个人名义或者以其他个人名义开立账户存储；

（3）未经股东会同意，将公司资金借贷给他人或者以公司财产为他人提供担保；

（4）未经股东会同意，与本公司订立合同或者进行交易；

（5）未经股东会同意，利用职务便利为自己或者他人谋取属于公司的商业机会，自营或者为他人经营与所任职公司同类的业务；

（6）接受他人与公司交易的佣金并归为己有；

（7）擅自披露公司秘密；

（8）违反对公司忠实义务的其他行为。

第四十条 董事、高级管理人员执行公司职务时违反法律、行政法规或者公司章程的规定，给公司造成损失的，应当承担赔偿责任。

第十二章 股东会认为需要规定的其他事项

第四十一条 公司以其全部财产对公司的债务承担责任，股东以其实缴的出资额为限对公司债务承担责任。

第四十二条 公司新增资本时，股东有权优先按照实缴的出资比例实缴出资。但是，全体股东另有约定的除外。

条款解释

对于增资实缴，一般原则是股东有权优先按照实缴的出资比例实缴增资，该出资比例可以在公司章程中进行调整。

第四十三条 公司根据需要或者涉及公司登记事项变更的可修改公司章程，修改后的公司章程不得与法律、法规相抵触，修改公司章程应当由股东会表决通过，修改后的公司章程应当报送公司登记机关备案，涉及变更登记事项的，同时应向公司登记机关做变更登记。

第四十四条 本章程自全体股东签字盖章后生效。

第四十五条 本章程一式　　份，公司留存　　份，并报公司登记机关备案一份。

全体股东（签字、盖章）：

年　　月　　日

5.2　公司章程控制策略

5.2.1　公司章程中如何约定股东责任

很多公司都会选择股东平分股权的运营方式。这种较为公平的方式一方面可以平衡股东的权重，有利于每个股东发挥自己的特长；但另一方面也会造成责任的模糊，使部分股东认为责任也应当完全平分。那么，在实际中，股东在平分股权的公司，应当如何承担责任？

高先生是刚毕业的大学生，在上学时就和同学一起做外贸进出口业务。高先生对公司管理很感兴趣，为此看了很多管理方面的书。在他看来，构建一个平衡、互管、公平的，防止出现个人利益凌驾于集体利益的管理结构最合适。

不久，高先生和大学同学陈先生、马先生一起成立了外贸公司，高先生占股34%，陈先生占股33%，马先生占股33%。大家一致推选高先生担任公司的法定代表人及董事，陈先生担任技术总监，马先生担任监事。

不过，有两个问题一直困扰着高先生：三个人股权、分红比例差不多，但自己担任法定代表人及董事，如果公司出现了刑事问题，责任是不是也由自己一个人承担？自己是否可以在公司章程中约定，若出现刑事问题，责任需由三个人按照股权比例共同承担？

现实中，很多人都希望通过这种方法降低自己的风险。

但事实上，高先生不能在公司章程中约定刑事责任按股权比例分担。

这是因为，这种行为违反了法律的强制性规定，如果公司涉及刑事犯罪，责任分摊的约定并无法律效力。

从民事责任角度来说，法定代表人是公司的代表，其代表公司所做出的职务行为后果应当由公司承担，而不由法定代表人个人承担。从刑事责任角度来说，公司如果作为单位犯罪主体，刑法对单位犯罪在绝大部分情况下采取双罚制，刑法所追究的直接负责的主管人员，是在单位实施的犯罪中起决定、批准、受益、纵容、指挥等作用的人员。

多数情况下，直接负责的主管人员和其他直接责任人都要被追究刑事责任，刑事责任的追究与股东的持股比例没有关系，同时公司章程是公司组织及活动规则的书面体现，《中华人民共和国公司法》对公司章程的约定有着宽松的规定，但不是所有的事情都可以在公司章程中进行自由约定。

《中华人民共和国公司法》中有一句话是"公司章程另有规定的除外"，这句话体现了公司法强制性规范和任意性规范并举的原则。大多数人并不重视公司章程，认为公司章程只是个程序性文件，实际上，公司章程作为公司的核心文件，有很多条款可以作为自我约束性条款。

《中华人民共和国公司法》对股东之间的意思自治表现出了

极大的尊重和支持。对股东自愿达成的公司章程中的一些条款，《中华人民共和国公司法》是持开放态度的，这表现了法律法规对公司管理与干预的减少。但自由是相对的，股东之间的任何自由约定并不是都有效，公司章程也不是可以自由约定所有条款的，大股东想通过随意修改公司章程来逃避自己应承担的法律责任也是行不通的。

公司章程可以对如下内容进行约定。

第一，投资或者担保的总额及单项投资或者担保的数额。

解释

建议在拟定公司章程时对投资的方向、种类、数额以及权限进行明确约定。

第二，公司为公司股东或者实际控制人提供担保的必经程序等。

解释

建议在拟定公司章程时对担保的对象、担保的方式及担保的数额进行明确约定。

第三，召开股东会会议的相关内容。

解释

公司章程中可以对通知的时间、地点和审议事项进行明确约定，并就通知的方式进行明确约定。

第四，股东会的议事方式和表决程序。

解释

由于股东会议事规则涉及内容较多，放在公司章程正文中易引发各部分内容的失衡，建议作为公司章程附件，综合股东会议事方式和表决程序、会议的召开次数和通知等内容，单列"股东会议事规则"专门文件。股东会议事规则一般应涵盖图5-2所示的内容。

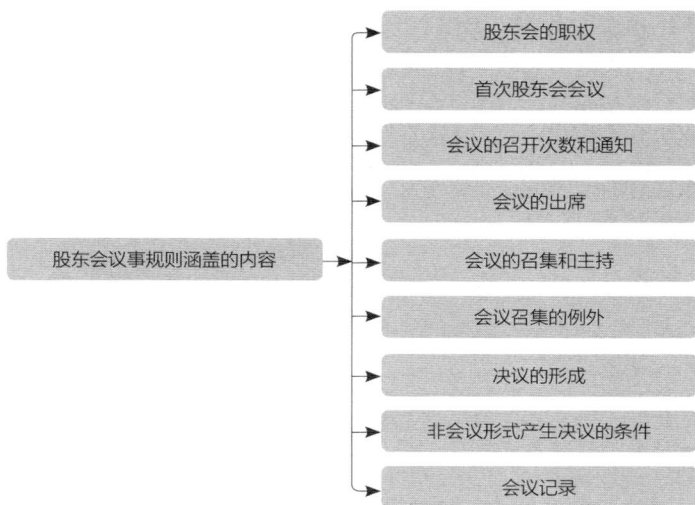

图 5-2　股东会议事规则涵盖的内容

需特别指出的是，如果股东对特殊事项（如法定代表人更换）有补充，也可在公司章程中体现。

第五，股东的表决权。

解释

表决权是股东的核心权利，有限责任公司属于人合性和资合性的集合体，体现在公司章程可以对表决权规则进行创新性规定。与《中华人民共和国公司法》中规定按照出资比例行使表决权不同，公司章程可以有以下约定：第一，不按照出资比例，实行一人一票制；第二，不按照出资比例，按照对公司的贡献和重要性，重新分配表决权。

第六，股东之间的股权转让。

解释

允许公司内部对股权转让进行个性化规定，目的是保护原股东的利益，以及维护公司的稳定性。股权转让个性化规定有以下几种：第一，约定股东不得向股东以外的人转让股权；第二，公司成立五年内，任何人不得转让股权；第三，股东死亡后，合法继承人不能直接取得股权，其他股东可以主张优先购买，拒绝购买的，合法继承人才可以获得股权。

5.2.2 公司章程中关于股权转让的强制性条款是否有效

很多公司在设定公司章程时，为了留住人才，往往会给予人才一定股份，以此实现激励。但是，领导层对此还是有一定的担心：如果人才要离开，但不愿意返还股份怎么办？在公司章程中强制性规定，人才一旦离职公司可以强制回收股份，这样做是否符合法律规定？

雷先生和朋友贺先生、汤先生一起成立了甲传媒公司，公司成立后，在大家的努力下逐渐步入正轨，陆续有新的人员加入公司。

拥有不同能力的成员对团队来说是件非常好的事情，为了让团队成员更好地发挥自己的能力，他们打算送一定比例的股权给优秀员工。经过股东会决议，三人将一定比例的股权转让给优秀员工，并且办理了工商登记备案。

公司运作了一段时间后，新的问题产生了：有几个取得股权的员工选择了离职，公司通知他们回来办理股权变更手续，但大都不配合。雷先生听说，可以在公司章程中约定股权转让，便想修改公司章程相关条款为"股东必须在本公司任职，如股东离开公司，则必须在离职后 7 个工作日内将股权转让给其他股东。其他股东拒绝购买的，股东也不得再行转让"这样的强制条款。请问这样的条款是否有法律效力？

事实上，这种条款属于无效条款。

这是因为，这一条款中要求股东不能转让股权给第三人的约定侵犯了离职股东的股权处分权。

股权是权利的一种。股权是指股东基于股东资格而享有的、从公司获得经济利益并参与公司经营管理的权利。股东根据股权参与公司的管理，股权包含了分红权、管理权、监督权等。根据《中华人民共和国公司法》的规定，股权的自由转让是股东固有的一项权利，世界各国法律普遍承认股权的自由转让性，股权一经设立，非经合法转让，或由国家强制力予以剥夺，或公司经清算程序予以分配，不能被变动。因此，股权的自由转让应当被理解为强制性法律规范中的效力规定，凡违反该原则、限制股权自由转让的章程条款应无效。

▢ 关键知识链接 ---

《中华人民共和国民法典》第一百二十五条

民事主体依法享有股权和其他投资性权利。

《中华人民共和国民法典》第一百三十二条

民事主体不得滥用民事权利损害国家利益、社会公共利益或者他人合法权益。

部分公司会在公司章程中写下"公司章程对股权转让另有规定"，这句话指的是对股东股权转让的受让主体范围、受让程序及优先权行使等非实体处分权范围内的事项，可以由公司章程另行规定。

结合本案例，股东离职后应将股权优先转让给其他股东的约定是有效的。但"其他股东拒绝购买的，股东也不得再行转让"这样的约定不符合法律规定，这实际上是变相地损害了离职股东的股权处分权，也打破了离职股东与现有股东的平衡保护，违反了私有财产不受侵犯的民法基本原则。对股东而言，其股权自由转让的权利理应受到保护，因此，雷先生所提到的章程条款属于无效条款。

持股员工离职，公司强制收回股权，法律是允许的，但这个允许是有限度的，应当给离职股东一个合理的退出渠道，并且以合理的市场价格进行回收，这样既符合公司的发展又有利于离职股东的合理退出。

当然，通过股权激励凝聚人心的确会提升公司管理的效果。公司管理层要加强股权的管理，建议采取以下方法。

①在公司章程中约定，员工离开公司后应当将其持有的股份转让给公司大股东，转让价格按照工商登记时的股权份额计算或者按约定价格计算。

②所有股东与公司签订股权管理协议，在协议中明确约定"员工离职后，公司收回股权"，并约定收回价格。只要该协议的签署是自愿、合法有效的，就应当有法律效力。

5.2.3　公司章程中有关分红权和表决权的约定

表决权与分红权同样是股权的重要内容。表决权是指股东基于其股东资格和股东地位而享有的就股东会的方案做出一定表示的权利，股东通过行使表决权达到支配公司、监督管理层和实现自身权益的目的。股东的盈余分配权俗称股东分红权，指股东基于公司股东的资格和地位而享有的请求公司向自己分配股利的权利。

公司章程中也会涉及表决权与分红权的相关内容。有人认为，公司章程是格式化的，所以股东的表决权与分红权必须严格按照出资比例进行分配。但事实并非如此。公司的很多事务均可以自由约定，分红权与表决权同样如此。

高先生是一家公司的技术总监，主要负责某 VR（虚拟现实）技术的研发。某次朋友聚会中，高先生认识了孙先生，孙先生此前是做化工方面业务的，经过了解，孙先生对高先生的技术能力非常认可。孙先生很诚恳地表示，他很看好高先生的技术能力，想与高先生合作，共同成立有限责任公司。孙先生同时表示，他愿意出资 90 万元，高先生出资 10 万元即可。为了打消高先生的疑虑，孙先生还表示，公司分红的时候，高先生享有 60% 的分红权，他享有 40% 的分红权。

听到孙先生这样说，高先生自然很感兴趣。但他还是担心将来万一自己和孙先生产生冲突，因孙先生持股比例较大，一旦其损害自己的利益，自己还是缺乏主动权。所以，高先生想占表决权的60%，孙先生占表决权的40%，但是他想知道，公司章程中可以约定不按出资比例分配分红权和表决权吗？

根据相关法律规定，可以在公司章程中约定不按出资比例分配分红权比例和表决权比例。

这是因为，《中华人民共和国公司法》允许股东自由协商，在公司章程中自行约定表决权比例和分红权比例。

高先生与孙先生想要成立的公司是有限责任公司，这种类型的公司的特点就是兼具人合性和资合性。有限责任公司与股份有限公司不同，股份有限公司是对外开放的，有限责任公司属于封闭式公司，因此有限责任公司可以同股不同权，而股份有限公司必须同股同权。

▢ 关键知识链接 ···

《中华人民共和国公司法》第二百一十条

公司分配当年税后利润时，应当提取利润的百分之十列入公司法定公积金。公司法定公积金累计额为公司注册资本的百分之五十以上的，可以不再提取。

公司的法定公积金不足以弥补以前年度亏损的，在依照前款规定提取法定公积金之前，应当先用当年利润弥补亏损。

公司从税后利润中提取法定公积金后，经股东会决议，还可以从税后利润中提取任意公积金。

公司弥补亏损和提取公积金后所余税后利润，有限责任公司按照股东实缴的出资比例分配利润，全体股东约定不按照出资比例分配利润的除外；股份有限公司按照股东所持有的股份比例分配利润，公司章程另有规定的除外。

公司持有的本公司股份不得分配利润。

通常来说，有限责任公司股东的出资比例与享有的表决权和分红权比例相同。但在公司意思自治的原则下，股东可以根据自己的意思自主决定经营领域的经营活动而不受法律的强制性规范的约束。有限责任公司的公司章程中可以协商约定表决权比例和分红权比例，出资的多少与享有的关于公司经营的话语权并不画等号。

股东的表决权比例和分红权比例应属于公司股东意思自治的范畴，因为股东对公司的付出并不局限于出资，还包括劳务的付出和管理的付出。如果股东对表决权和分红权有特殊约定，可以在公司章程中进行明确，如果没有明确，有限责任公司的股东的出资比例与表决权比例、分红权比例相同。

上述规定是在新公司法中确认的。旧公司法规定得比较简单，股东按照出资比例分取红利，按照出资比例行使表决权，即股东享有的权益与其出缴的资本是正相关的，完全体现了资本平等的原则。而新公司法适应了公司经济活动的发展，做出了一些灵活变动，即可以按照出资比例行使表决权和分红权，也可以不按照出资比例行使表决权和分红权，一个人出资比例为 30%，其分红权比例达到 40% 也是完全可以的。

5.3 公司印章控制策略

5.3.1 有人私自拿走印章等该如何处理

对一家公司来说，公司印章和营业执照的作用毋庸置疑。部分公司出现的股权纠纷问题的核心就在于"公司印章目前由谁来掌控"。尤其是公司高管被罢免后，却将公司印章拿走，这会给整个公司带来非常不利的影响。

张先生与李先生、胡先生、高先生四人一起投资成立了一家投资公司，张先生占股35%，李先生占股30%，胡先生占股20%，高先生占股15%。公司成立后，张先生担任法定代表人，李先生担任董事长，胡先生担任财务总监，高先生担任监事。李先生担任董事长期间，做的几个投资项目都不是很成功，所以几名股东都对他有一定的意见。

公司召开了股东会会议，会议上张先生、胡先生、高先生对李先生担任董事长职务期间的管理提出了质疑。经过股东会投票决定，重新选举张先生担任董事长。李先生拒绝接受股东会决议，并将公司的营业执照、所有印章等拿走，拒绝来上班，拒绝办理交接手续，导致公司非常被动。其余几名股东能否要求李先生返还上述材料？

私自将公司印章拿走这样的事件虽然并不多见，但仍然偶有发生。

对于这类事件，公司可以要求李先生返还营业执照、公司印章等材料。

这是因为，公司印章、营业执照不仅是公司重要的资产，也是对外代表公司意志的载体。

公司印章与营业执照，从民事侵权角度来看，都是公司对外活动的有形代表和法律凭证，其物权的所有人应是公司，若无权占有公司印章、营业执照的人控制印章、营业执照，拒不交出，导致公司经营困难，公司有权要求其承担侵权责任。

更重要的是，这些物品不仅以其本身的物体形态体现了一定的有形财产价值，还体现了作为公司权利能力和行为能力标志的无形财产的价值，因此对公司的正常运转非常重要。

结合案例，张先生、胡先生、高先生在股东会会议上已经解除了李先生董事长的职务，李先生应当根据股东会决议返还印章、营业执照。

需要特别指出的是，公司公章被侵占导致无法加盖公章，张先生作为新任董事长，可以签名代表公司进行起诉。

◻ 关键知识链接 ------------------------------------

《中华人民共和国公司法》第一百八十一条

董事、监事、高级管理人员不得有下列行为：

（一）侵占公司财产、挪用公司资金；

（二）将公司资金以其个人名义或者以其他个人名义开立账户存储；

（三）利用职权贿赂或者收受其他非法收入；

（四）接受他人与公司交易的佣金归为己有；

（五）擅自披露公司秘密；

（六）违反对公司忠实义务的其他行为。

《中华人民共和国民法典》第二百三十五条

无权占有不动产或者动产的，权利人可以请求返还原物。

现实中，类似这种"人章争夺"的情形也被称为"法定代表人与公章控制人之手"，公章被非法定代表人股东控制，会形成公司决策冲突。例如，公司被债权人起诉，股东内部产生矛盾，持有公章的非法定代表人股东提交了盖有公章的答辩书认可所有债权，而法定代表人也提交了具有法定代表人签字的答辩书不认可该债权。在两种意见完全相反的情况下，产生了法定代表人与公章的冲突，该种情况应当认定以法定代表人的意见为准，因为公章仅反映了公司的授权，并不当然代表公司的真实意志，法定代表人才是公司意志的直接代表。

通常可以从以下三个方面保护公司印章的安全性。

①由于公司法并没有规定公司印章和营业执照等资料具体由哪

个人或哪个部门管理，为避免管理混乱，建议在公司章程中明确规定保管印章及营业执照的权限部门。

②关于公章及营业执照返还的问题，还可以采取挂失的方式，公司完全可以到公安机关挂失，然后重新办理公章。营业执照也可以挂失后重新办理。自挂失之日起，原公章、营业执照作废。这样做的最大好处就是避免诉讼时间过长导致公司无法正常运转，确保公司正常经营。

③考虑到营业执照及公章可以对外直接代表公司，为防止持有公章的股东擅自使用公章，给公司造成损失，可以考虑在诉讼时对公司的营业执照及公章进行保全，以避免这种潜在的风险。

无论股东之间的关系如何，都要形成这样的思维：公章是代表公司行为的证明，自然人以签名作为自己认可某种行为或某种意思内容的表示，而公司以公章作为公司认可某种行为或某种意思内容的表示。公司印章一旦被盗用，会产生无法挽回的后果。公司应该建立公章日常保管制度、明确保管人的责任，公司只有尽到对公章的保管责任，才能在公章被盗用时免责。如果公章被盗用，公司没有尽到基本的保管义务，要在过错范围内对外承担责任。

还可以设立其他的保护措施避免公章被盗用。例如在设立分支机构时，严格限制分支机构用章，分支机构用章必须报总部备案；而外部债权人在遇到合作方或者担保方是分支机构时，必须尽到合理的审查义务，审查分支机构有无公司总部的授权，唯有如此才能更好地保护自己的权益。

5.3.2 内部职能部门拿公司印章做担保，公司是否应该担责

因为工作上的需要和便利，公司在实际运营过程中会下放一些权力给内部的职能部门，并且给这些职能部门制作公章。

这种方式在提升工作效率的同时也会造成一定的风险：这些职能部门如果在异地，则权力会更大，很可能会出现职能部门越权使

用公章的问题。由于一些公司疏于对这方面的管理，可能会出现职能部门负责人在担保书上使用公章签字担保的现象。这时，公司是否应承担责任呢？

雷先生从事的是钢管、扣件租赁业务，这些物品主要用于建筑工地。有一次，经朋友介绍，雷先生认识了吴先生，吴先生是某工地的包工头，有大量的业务需求。由于是第一次进行业务往来，加上吴先生使用的租赁物数量非常大，一个月的租金就10万元，雷先生担心吴先生不能按时支付租金，便希望吴先生找一家机构做担保。

一开始，吴先生对此提议很不满，但见雷先生态度坚决，便找了甲建筑公司的方先生。而方先生正是甲建筑公司在当地的项目部经理。

雷先生和吴先生签订了钢管、扣件租赁合同，方先生拿着甲建筑公司某项目部的印章在担保人处盖了章。合同签订后，雷先生按照合同的约定向吴先生交付了钢管和扣件，但在合同履行过程中，发生了钢管和扣件被盗窃的事件，吴先生以此为由拒绝支付租金，之后雷先生就联系不上吴先生了。

雷先生找到了方先生，希望甲建筑公司承担担保责任，方先生却表示项目部属于分支机构，盖章是无效的，不同意承担担保责任。那么，甲建筑公司项目部的担保行为是否有效？

对于这起案例，雷先生可以要求甲建筑公司承担二分之一的法律赔偿责任。

这是因为，虽然甲建筑公司项目部只是临时派出机构，没有甲建筑公司的书面授权，担保行为无效，但由于甲建筑公司有管理过错，其必须承担相应责任。

结合本案例，雷先生与吴先生签订钢管、扣件租赁合同属于自愿行为，受法律保护，甲建筑公司项目部虽然在担保人处盖了章，但由于没有取得甲建筑公司的授权，该担保行为无效。雷先生明知甲建筑公司项目部不是独立单位主体而同意其提供担保，他的行为也有过错。而甲建筑公司对其临时机构疏于管理，应当在管理过错范围内承担责任，所以甲建筑公司在雷先生损失范围内承担二分之一的赔偿责任较为合适。

 □ 关键知识链接 --

 《最高人民法院关于适用〈中华人民共和国民法典〉有关担保制度的解释》第十一条

  公司的分支机构未经公司股东（大）会或者董事会决议以自己的名义对外提供担保，相对人请求公司或者其分支机构承担担保责任的，人民法院不予支持，但是相对人不知道且不应当知道分支机构对外提供担保未经公司决议程序的除外。

  金融机构的分支机构在其营业执照记载的经营范围内开立保函，或者经有权从事担保业务的上级机构授权开立保函，金融机构或者其分支机构以违反公司法关于公司对外担保决议程序的规定为由主张不承担担保责任的，人民法院不予支持。金融机构的分支机构未经金融机构授权提供保函之外的担保，金融机构或者其分支机构主张不承担担保责任的，人民法院应予支持，但是相对人不知道且不应当知道分支机构对外提供担保未经金融机构授权的除外。

  担保公司的分支机构未经担保公司授权对外提供担保，担保公司或者其分支机构主张不承担担保责任的，人民法院应予支持，但是相对人不知道且不应当知道分支机构对外提供担保未经担保公司授权的除外。

  公司的分支机构对外提供担保，相对人非善意，请求公司承担赔偿责任的，参照本解释第十七条的有关规定处理。

  项目部属于公司的职能部门，对外不具有独立的法人地位，项目部主要在工程施工期间对外开展业务，业务主要包括劳务分包、采购工程材料等。从法律上来说，项目部的法律角色属于代理人，其在授权范围内开展工作，项目部未经总公司授权，对外的担保属于无效担保。但总公司疏于对职能部门的管理，也是该无效行为产生的原因，总公司基于这种过错应当承担不超过二分之一的过错责任。

需要注意的是，债权人本身没有对职能部门是否取得授权进行审查，也存在过错，自己应当承担部分责任。

◻ 关键知识链接 --

《中华人民共和国民法典》第三百八十八条

设立担保物权，应当依照本法和其他法律的规定订立担保合同。担保合同包括抵押合同、质押合同和其他具有担保功能的合同。担保合同是主债权债务合同的从合同。主债权债务合同无效的，担保合同无效，但是法律另有规定的除外。

担保合同被确认无效后，债务人、担保人、债权人有过错的，应当根据其过错各自承担相应的民事责任。

《最高人民法院关于适用〈中华人民共和国民法典〉有关担保制度的解释》第十七条

主合同有效而第三人提供的担保合同无效，人民法院应当区分不同情形确定担保人的赔偿责任：

（一）债权人与担保人均有过错的，担保人承担的赔偿责任不应超过债务人不能清偿部分的二分之一；

（二）担保人有过错而债权人无过错的，担保人对债务人不能清偿的部分承担赔偿责任；

（三）债权人有过错而担保人无过错的，担保人不承担赔偿责任。

主合同无效导致第三人提供的担保合同无效，担保人无过错的，不承担赔偿责任；担保人有过错的，其承担的赔偿责任不应超过债务人不能清偿部分的三分之一。

公司分支机构没有独立的地位，一旦存在滥用公章的行为，往往会被认定为表见代理或者公司存在重大过错，要由公司承担责任。为了避免分支机构出现这类问题，公司可以采取表 5.3-1 所示的方式进行风险防控。

表 5.3-1　项目部滥用公章风险防控措施

项目	内容
公章备案	建议对项目部公章进行备案，一旦出现备案以外的情况，公司可以进行有效抗辩
公章使用范围	明确项目部公章的使用范围，并且以制度的方式进行公示，如果制度能够备案，建议备案
公章使用追责	如果项目部出现乱用公章的情况，如涉嫌构成犯罪，建议通过追究刑事责任避免公司的损失扩大

5.3.3　公司印章被盗用该如何处理

避免公章被盗用是任何一家公司都非常关注的事情。通常来说，有两类人易发生公章盗用行为：一类是公司高管，一类是公司财务人员。这两个群体都有机会接触到公章，甚至有的还可以在某一时间段内控制公章。

多数情况下，公司对这两类人都有一定的道德约束。但是，道德约束显然不够，一旦出现偷盖公章，公司便会处于举证困难的境地，往往会产生严重后果。那么，该如何解决偷盖公章的问题呢？

马先生是甲工程有限公司的负责人，甲工程有限公司（简称甲公司）主要从事工程方面的业务且长期与某开发公司合作，业务一直很稳定。

马先生接到了苏先生的电话，苏先生在电话中说，陆先生从他那里租赁了脚手架等设备，租金共计 40 多万元，现在陆先生不能按时支付租赁款，甲公司作为担保人应当代为偿还租赁款。

听到苏先生的要求后，马先生非常吃惊，因为他根本不认识苏先生，这项业务他根本不知情，不可能提供担保。马先生随即联系了陆先生，陆先生是另一个工地的包工头，常年跟甲公司有合作关系。陆先生向马先生道歉并交代了事情的来龙去脉。原来，苏先生是做脚手架等租赁生意的，陆先生从他那里陆续租赁了不少设备，租金总计 40 多万元。苏先生要求陆先生找个有实力的单位做担保，于是，陆先生想起了甲公司。由于跟甲公司的一些员工关系较好，可以经常出入办公室，所以某天陆先生趁甲公司办公室的人上厕所，从桌子上拿了公章盖在了合同上。

然而陆先生没想到，今年效益很差，根本给不起租金，这才给马先生的公司带来了麻烦。

马先生联系苏先生告诉他实情，但苏先生并不认可，他表示只认公章不认人，坚决要求甲公司承担赔偿责任。面对这样的情形，甲公司是否要承担责任？

对于这起案件，可认定甲公司的担保行为无效，但甲公司在公章管理上存在重大过错，应当承担不超过损失的二分之一的责任。

在市场行为中，大多数人还是认为公章的效力比签名的效力更高，公章是公司对外开展业务的必备证明。

如果公司在公章管理上存在重大过错，从而导致交易的另一方有足够的理由相信这是公司的真实意思表示，那么公司就应当在过错范围内承担相应的法律责任。即使盗用公章的行为被认定为犯罪行为，但公司有明显的过错，且该过错行为与债权人的经济损失有因果关系，公司依然要承担过错责任。

结合本案例，陆先生盗用甲公司的公章，导致甲公司陷入"被迫担保"的困境，虽然甲公司对担保行为并不知情，担保合同应当被认定为无效，但甲公司对此也负有很大的过错责任，这种过错责任主要表现在甲公司没有对公章进行妥善、严密的管理，公章日常放在桌面，没有放置在保险柜等严密的环境下，导致陆先生有机会盗用甲公司的公章。对苏先生来说，公章的加盖足以使他相信甲公司对外担保的行为是真实的。因此，马先生所在的甲公司基于过错责任，承担损失的二分之一的担保责任较为合适。

　　▫ 关键知识链接 --

　　《最高人民法院关于在审理经济纠纷案件中涉及经济犯罪嫌疑若干问题的规定》第五条

　　　　行为人盗窃、盗用单位的公章、业务介绍信、盖有公章的空白合同书，或者私刻单位的公章签订经济合同，骗取财物归个人占有、使用、处分或者进行其他犯罪活动构成犯罪的，单位对行为人该犯罪行为所造成的经济损失不承担民事责任。

　　　　行为人私刻单位公章或者擅自使用单位公章、业务介绍信、盖有公章的空白合同书以签订经济合同的方法进行的犯罪行为，单位有明显过错，且该过错行为与被害人的经济损失之间具有因果关系的，单位对该犯罪行为所造成的经济损失，依法应当承担赔偿责任。

　　当然，在本案中，甲公司也可以对陆先生进行起诉。因为，陆先生的行为已经涉嫌构成合同诈骗罪，其盗用公章提供虚假担保的行为，致使苏先生误以为甲公司为其提供了担保，给苏先生造成了经济损失，已经符合合同诈骗罪的构成要件。

　　对公司而言，如果能证明公章存放于保险柜，当事人将公章盗窃后实施其他行为，公司没有任何过错的，公司不承担赔偿责任。滥用公章会导致公司的真实意思表示和外在表现不一致，滥用公章行为主要有三种：第一，公司工作人员未经合法程序，擅自在担保和经济合同上盖章；第二，公司工作人员使用盖有公章的空白授权书，擅自开展活动；第三，公司将业务介绍信、合同专用章借给别人使用。

　　那么，该如何有效防止滥用公章的现象出现呢？表5.3-2所示为滥用公章风险防控措施。

表 5.3-2　滥用公章风险防控措施

项目	内容
专人专管	找责任心强的人管理公章是第一要务，印章应当存放于保险柜等安全的地方
严格的公章管理制度	对使用公章的审批制度越严格，出现风险的概率就越小
公章备案	公章一定要在公安机关备案，避免出现私刻公章的情况，公章如不慎丢失，建议第一时间报案并挂失补办

5.3.4　法定代表人私自盖章进行对外担保该如何处理

公司法定代表人是代表公司从事民事活动的负责人，而在实践中，很容易出现法定代表人不受控制的情况。例如法定代表人私自盖章进行对外担保，这是一种严重伤害公司利益的行为，那么这种行为可否被认定为无效行为呢？

邓先生与王先生、李先生、赵先生一起成立了甲公司，由王先生担任法定代表人兼总经理。甲公司的日常管理主要由王先生负责，邓先生、李先生、赵先生主要负责业务的开展。

甲公司收到一张法院传票，甲公司被乙公司起诉了，理由是丙公司向乙公司借款 200 万元，由甲公司做担保。甲公司收到传票后，其他股东才知道担保的事情，因此非常愤怒，就质问王先生。

王先生表示，做这个担保是为了获得丙公司的订单，虽然他私自盖章，但问心无愧。邓先生认为王先生没有召开股东会会议，公司章程中也载明了没有经过股东会的决议，对外担保无效。其他股东想要主张担保无效，能否成功？

从实际来看，甲公司仍然要承担担保责任，但由于法定代表人未取得股东会的决议授权，公司内部可以向法定代表人进行损失追偿。

之所以如此，是因为《中华人民共和国公司法》虽然规定"公司为公司股东或者实际控制人提供担保的，必须经股东会决议"，但该条规定的主要目的是限制实际控制人或者高级管理人员利用手中的权力损害公司或者小股东的利益，股东会会议属于公司内部风险控制程序，不能以此来对抗外部第三人。

本案例中，王先生作为甲公司的法定代表人对外提供担保，虽然违反了公司章程的规定，但乙公司并不知情，属于善意第三人，担保合同依然有效，甲公司的担保责任并不能被免除。

如果不进行这样的判决，仅以内部的风险控制程序来认定外部的合同无效，会给外部第三人带来过大的责任负担，进而会损害交易安全。因为外部第三人符合善意第三人的特征，外部第三人很难控制公司内部的股东会会议，如果公司可以随意以股东会未通过为由否定公司的盖章行为，则会导致大量的合同无效，导致交易安全受到严重破坏，更违背了公平正义和商事诚信，不利于维护合同的稳定和交易的安全。

□ 关键知识链接 ···

《最高人民法院关于适用〈中华人民共和国公司法〉若干问题的规定（四）》第六条

股东会或者股东大会、董事会决议被人民法院判决确认无效或者撤销的，公司依据该决议与善意相对人形成的民事法律关系不受影响。

《中华人民共和国公司法》第十五条

公司向其他企业投资或者为他人提供担保，按照公司章程的规定，由董事会或者股东会决议；公司章程对投资或者担保的总额及单项投资或者担保的数额有限额规定的，不得超过规定的限额。

公司为公司股东或者实际控制人提供担保的，应当经股东会决议。

前款规定的股东或者受前款规定的实际控制人支配的股东，不得参加前款规定事项的表决。该项表决由出席会议的其他股东所持表决权的过半数通过。

《最高人民法院关于适用〈中华人民共和国民法典〉有关担保制度的解释》第七条

公司的法定代表人违反公司法关于公司对外担保决议程序的规定，超越权限代表公司与相对人订立担保合同，人民法院应当依照民法典第六十一条和第五百零四条等规定处理：

（一）相对人善意的，担保合同对公司发生效力；相对人请求公司承担担保责任的，人民法院应予支持。

（二）相对人非善意的，担保合同对公司不发生效力；相对人请求公司承担赔偿责任的，参照适用本解释第十七条的有关规定。

法定代表人超越权限提供担保造成公司损失，公司请求法定代表人承担赔偿责任的，人民法院应予支持。

当然，其他股东可以通过对法定代表人的追责挽回公司损失。《中华人民共和国公司法》对法定代表人有着明确的责任规定，王先生作为法定代表人在没有经股东会或董事会决议通过的情况下，擅自对外担保，给公司造成了损失，王先生应当赔偿公司的该项损失。

口 关键知识链接 ------------------------------------

《中华人民共和国民法典》第六十一条

依照法律或者法人章程的规定，代表法人从事民事活动的负责人，为法人的法定代表人。

法定代表人以法人名义从事的民事活动，其法律后果由法人承受。

法人章程或者法人权力机构对法定代表人代表权的限制，不得对抗善意相对人。

《中华人民共和国民法典》第六十二条

法定代表人因执行职务造成他人损害的，由法人承担民事责任。

法人承担民事责任后，依照法律或者法人章程的规定，可以向有过错的法定代表人追偿。

《中华人民共和国公司法》第一百八十一条

董事、监事、高级管理人员不得有下列行为：

（一）侵占公司财产、挪用公司资金；

（二）将公司资金以其个人名义或者以其他个人名义开立账户存储；

（三）利用职权贿赂或者收受其他非法收入；

（四）接受他人与公司交易的佣金归为己有；

（五）擅自披露公司秘密；

（六）违反对公司忠实义务的其他行为。

法定代表人滥用职权会给公司带来非常严重的后果，所以，公司必须对法定代表人的权力进行适当约束，建议采取如下措施。

①建立完善公司内部用章程序，公司的公章应当由专人保管并且有严格的使用权限。对于公司担保行为，必须经过股东会或者董事会决议通过后，方可使用公章。

②确保权责统一，公司法定代表人离职后，应当及时进行变更登记，并且在公司章程中列明更换法定代表人的程序，避免法定代表人"挂名"而给公司造成较大的风险。

第6章

公司资金控制策略

随着公司的不断发展，公司需要对资金控制，以保障正常运营。公司该如何找到真正契合的融资人，如何顺利完成融资？股东又如何保证自身的股权不被侵害？公司减资又如何处理……

6.1 公司股权融资的策略与步骤

6.1.1 股权融资的关键四步

想要做好股权融资，就必须找到其中的关键节点，这样才能有的放矢。股权融资户，有四步是必须注意的，具体如下。

1. 制作完整的商业计划书

商业计划书是敲响投资人大门的敲门砖，关键是能足够吸引人。完整的商业计划书包括行业描述、团队介绍、商业模式、项目进展情况、技术与壁垒、财务状况、融资规划等，还要讲清一个有逻辑、带感情的商业故事。通常来说，20 页左右的商业计划书即可清晰展现一个品牌的特质，内容太少或太多的商业计划书，都不能真正表现出企业的特质。

2. 建立合理的股权结构

企业一定要有合理的股权结构，这样才能让融资人或机构有投资的想法。通常来说，首席执行官（CEO）必须占大部分股份。早期 CEO 的持股比例应该保持在 60%~80% 的水平，这样才能避免出现出让股权太多，导致 CEO 能力强股权少的局面。

3. 了解融资的轮次特点

一般来说，融资轮次可以划分为种子轮、天使轮、A 轮、B 轮、C 轮、D 轮、E 轮等，但根据实际情况，有些项目也会进行 Pre-A 轮、A+ 轮、C+ 轮融资。具体融资轮次的特点或内容见表 6.1-1。

表 6.1-1　融资轮次的特点或内容

轮次	特点或内容
种子轮	有团队、想法、产品
天使轮	产品可视、商业模式清晰
Pre-A 轮	有一定规模、市场排名位于前列
A 轮	用产品及数据支撑的商业模式，处于业内领先地位，初具规模
B 轮	得到验证的商业模式，开发了新业务与新领域，比较强的竞争优势
C 轮	得到验证的商业模式，开发了新业务与新领域
D 轮、E 轮、F 轮	简单来说，其实就是 C 轮融资的升级版

4. 拟定合理的融资额

融资额非常重要，它决定了融资是否真的会给企业带来帮助。过高的融资额意味着过早地贱卖股权；过低的融资额又对企业没有实际帮助。

从某种程度来讲，较为合理的方式是以未来 6 个月、最多不超过 1 年需要花多少钱为依据来确定自己的融资额。我们可以根据包含盈利预测的现金流量表，来分析未来最大的资金缺口何时会出现，且最大的资金缺口是多少，这些能为我们拟定合理的融资额提供较可靠的参考。融资额越精准、越合理，越能打动投资人或机构。

6.1.2　股权融资的正确流程

尽管并没有相关法律法规，但是经过市场多年来的不断运作，股权融资已经有了一套较为科学的流程，如图 6-1 所示。遵循这一流程进行股权融资，才能让股权融资的过程更高效，同时可以避免居心不良的投资人进入公司。

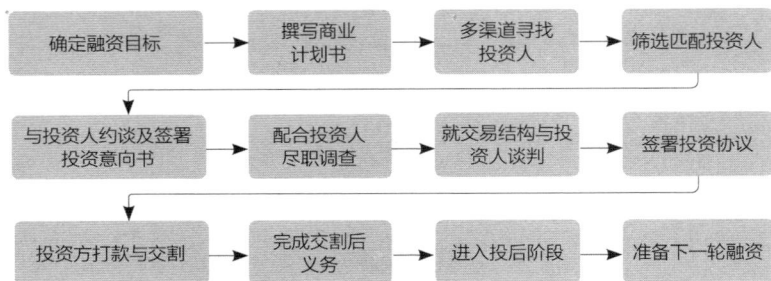

图6-1 科学的股权融资流程

公司可以按照图6-1所示的这一流程进行融资谈判，每一个节点都要设定备忘录，将所有信息一一记录。切不可为了快速融资，就跳过其中的一些重要环节，否则，可能会给自己留下隐患。

邓先生的公司准备开始融资，由于项目前景好、公司经营出色，邓先生的公司受到了很多投资机构的关注。邓先生接洽了多个机构，锁定了出价最高的一家。为了快速拿到融资款，邓先生没有对入资期限做限定就签订了合约。结果，合约签订三个月后，款项依然没有顺利入账，他多次催款，对方都表示因为没有具体约定，机构正在筹款，很快就会筹款完毕。邓先生很后悔，因没有按照正确的流程进行融资给自己带来了麻烦。

6.1.3 股权融资的方式

股权融资的方式有很多，公司要根据自身当前的发展特点进行确认。通常来说，我们常接触的股权融资方式主要有以下四种。

1. 基金组织融资

基金组织融资又称为假股暗贷。所谓假股暗贷，就是投资方以入股的方式对项目进行投资，但实际并不参与项目的管理，到了一定的时间就从项目中撤股。这种方式多为国外基金所采用。其缺点是操作周期较长，而且要改变公司的股东结构甚至要改变公司的性质。所以如果以这种方式融资，内资公司就要改为中外合资公司。

2. 发行债券

债券是公司直接向社会筹措资金时向投资者发行，承诺按既定利率支付利息并按约定条件偿还本金的债权债务凭证。公司法规定，只有股份有限公司、国有独资公司和两个以上的国有企业或两个以上的国有独资主体投资设立的有限责任公司能通过发行债券进行融资。

发行债券，可以采取公募发行方式，也可以采取私募发行方式，前者的交易成本较高，但更易于提升发行人的社会知名度。债券发行人还可以申请发行可转换债券。

3. 民间借贷

民间借贷多发生在经济较发达、市场化程度较高的地区，这些地区经济活跃，资金流动性强，资金需求量大。市场存在的现实需求决定了民间借贷的长期存在和兴旺发达。借贷过程中，要注意借据要素应齐全，借贷双方应就借贷的金额、利息、期限、责任等内容签订书面借据或协议。

法规规定，民间借贷的利率可适当高于银行贷款利率，但最高不得超过银行同类贷款利率的四倍，超过此限度的民间借贷称为"高利贷"，不受法律保护。

此外，不得将利息计入本金中计算复利（即利滚利），否则同样不受法律保护。截至 2022 年年底我国居民储蓄存款超过 13 万亿元，巨大的民间的财富与狭窄的民间投资渠道极不相称。为消除民间借贷双方责任不明、缺乏约束力等弊端，银行推出"个人委托贷款业务"，这项业务成为民间借贷与银行贷款的创新业务。

▫ 关键知识链接 --

《最高人民法院关于审理民间借贷案件适用法律若干问题的规定》第二十八条

借贷双方对逾期利率有约定的，从其约定，但是以不超过合同成立时一年期贷款市场报价利率四倍为限。

未约定逾期利率或者约定不明的，人民法院可以区分不同情况处理：

（一）既未约定借期内利率，也未约定逾期利率，出借人主张借款人自逾期还款之日起参照当时一年期贷款市场报价利率标准计算的利息承担逾期还款违约责任的，人民法院应予支持；

（二）约定了借期内利率但是未约定逾期利率，出借人主张借款人自逾期还款之日起按照借期内利率支付资金占用期间利息的，人民法院应予支持。

4. 私募股权融资

私募股权融资是以股权转让、增资扩股等方式引进不超过200名的新股东，通过增加公司新股东而获得资金的一种股权融资行为。国内有不少公司，如顺丰速运等，为了获得发展，都进行了私募股权融资。

2013年8月20日，顺丰速运获得来自元禾控股、招商局集团、中信资本、古玉资本的联合投资，总投资金额为80亿元。此次融资是顺丰速运成立20年来的第一次股权融资。顺丰速运是行业领先品牌，其营业收入和利润率均排在行业前列，股权结构清晰明朗，债务债权关系简单，近年来被上百家基金、投资公司所看好，因此此次顺丰速运的私募股权融资非常顺利。

6.1.4　股权融资的投资人调查及选择

想要找到真正适合自己的融资人，有一点非常重要，就是多渠道寻找。多渠道寻找投资人的措施如图6-2所示。

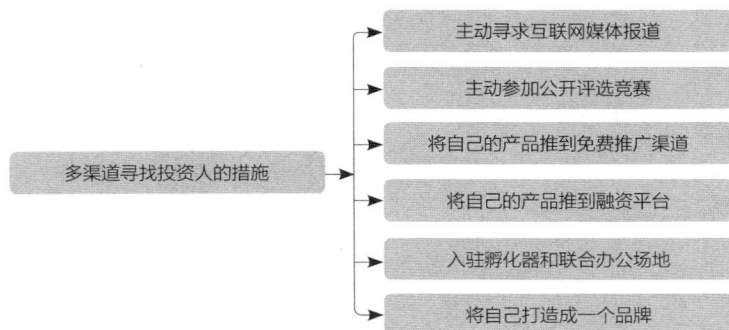

图 6-2　多渠道寻找投资人的措施

当投资人出现后，还要对其进行考察，避免被居心不良的投资人利用。

王先生的公司到了融资阶段。有一天，李先生主动联系他，表示想要投资 1000 万元。王先生非常高兴，简单聊天后就选择了签约。随后，王先生对自己的客户表示，他即将融资成功，会开始扩大规模。客户立即追加订单。

然而，王先生等了半个月，依然没有等到李先生的资金到位。就在他焦急等待时，却听朋友说：李先生已经对外宣称自己是王先生的天使投资人，并开始接触更多业务。王先生急忙找到李先生，李先生却表示他根本没有钱，需要通过王先生的公司给他背书，然后等他从其他地方融资后，才有钱给王先生。此时王先生才明白自己受骗了，李先生只是用自己的公司做诈骗。

那么，该如何对投资人进行调查及选择呢？可以通过对投资人的五维度进行解析，筛选出匹配的投资人，具体如表 6.1-2 所示。

表6.1-2 投资人的五维度分析

维度	内容
背景	看投资人是否属于A股上市公司、海外上市公司、老牌人民币或美元基金、新锐基金、新三板基金、产业基金、独角兽、国资企业等，因为投资人只有懂行懂你，或者投资过同行业其他优秀的公司，这样合作起来才放心
领域	掌握每个机构对赛道的侧重点在哪，并投给同领域的投资人非常重要，但同时又要避开投资过直接竞品的投资人。总之，只有领域匹配、背景专业、所属投资机构资深的投资人才可信
轮次	明确投资人的投资额度区间和投资项目的估值区间，避免浪费时间；另外一个不容忽视的是双方必须理念相合，对投资人的性格、投资风格等，融资方都要摸透
品牌	投资人所在机构的品牌如何，不同品牌都对应不同的风格；另外，投资人的投资轮次、金额、偏好情况等，都要与公司匹配
资源	投资人背后的资源至关重要。如果投资履历和投资人的经历都很丰富，也可能为公司提供潜在的资源

6.1.5 如何做好公司估值

在与投资人交流的过程中，公司估值直接决定了融资资金的多少，它关系着公司未来的股权架构。通常来说，投资人会对公司进行估值，但是公司同样应当对自己进行估值，这样才能做到心中有数，与投资人进行更好的交涉。

马先生的公司正在与一家风投公司进行融资谈判，因为经验有限，所以很多问题马先生都不太了解。在估值阶段，风投公司表示，根据测算，马先生的公司价值500万元，风投公司投资200万元，获得40%的股份。马先生表示同意，双方签署了合同。几个月后，马先生认识了一名懂得股权交易的朋友，对方经过测算表示，马先生的公司至少价值1000万元，当初应该进行完善的估值，这样才能避免类似的损失。

那么，公司该如何做好估值，规避类似风险呢？

1. 共识估值法

共识估值法也叫"风险投资前评估法"，是在天使投资人对公司投资意愿强烈，但估值水平与公司的实际情况差异较大，无法取得一致意见时，双方先商定一个回报率引进投资，待公司下一轮投资时利用风险投资基金的公司估值，反推上一轮天使投资人的公司估值和股权占比的方法。

王先生对马先生的公司初始估值为 400 万元，他投资 100 万元，要求股份占比为 20%。但马先生对自己公司的估值是 800 万元。于是，双方约定：100 万元投资额不变，约定内部收益率为 60%，到第二轮融资时，利用风险投资人的估值推算第一轮融资的公司估值。

一年后，马先生的公司进行第二轮融资，风险投资人对公司估值为 2000 万元。在此基础上计算第一轮融资的估值水平是 625 万元 {2000÷[2×（1+60%）]}，股份占比约为 11.4%[100÷（780+100×100%）]。这个估值与马先生的估值较为接近，所以王先生接受了这一估值，并进行投资。

2. 资产价值法

资产价值法是将构成公司的各种要素资产的评估值加总求得公司整体价值的方法。它建立在历史成本的基础上，只注重公司资产的现实价值，不考虑资产价格的变动及公司的未来发展，是一种静态的评估方法，主要分为账面价值法、重置成本法等。

（1）账面价值法是根据传统会计核算中账面记载的净资产确定并购价格的方法。既不考虑资产的市价，也不考虑资产的收益，但取值方便。该方法对价值判断的准确程度取决于资产的账面价值与市场实际价值的差异程度。

（2）重置成本法是现时条件下被评估资产全新状态下的重置成本减去该项资产的实体性贬值、功能性贬值和经济性贬值估算资产价值的方法。

6.1.6　股权融资中的法律问题

公司在股权融资过程中会遇到大量法律方面的问题，所以，必须做好法律架构设计，让股权融资在合法合规的环境中进行，这样才能避免股权融资无效、违反国家规定等问题。

以下这些内容，都应在股权融资中特别注意。

1. 必须进行法律认证的内容

股权融资时必须进行法律认证的内容如下。

（1）股东变更申请书。

（2）投资前各方的原合同、章程及其修改协议。

（3）投资各方的批准证书和营业执照复印件。

（4）融资方董事会、股东会关于股权转让的决议。

（5）变更后的董事会成员名单。

（6）投资前各方签订的经股东签字或以其他书面方式认可的股权转让协议。

（7）审批机关要求报送的其他文件。

（8）融资款到账验收，出具报告书。

（9）投资标的的交付及股东名册的变更。

（10）股东权利义务的移转。

（11）新股东与公司其他股东应当签订新的合营（合作）协议，修订原公司章程和议事规则，更换董事。

2. 避免商业秘密泄露的法律风险

公司在进行股权融资时，不得不将公司的经营状况、财务状况等有关情况告知投资者，这就使商业秘密存在被泄露的风险。

因此，公司应该注意以下四个方面。

（1）初步接洽时，只提供商业计划书的摘要。

（2）商业计划书尽量不要披露特别机密的信息和数据，只需把拥有的产品和技术能够带来的好处和能满足的市场需求描述清楚。

（3）有些关键性的商业秘密或技术，不到关键时刻不要讲出来。

（4）签署保密协议约定保密范围、负有保密义务的对象范围、对信息接收方的要求、保密期、违约责任等内容。

6.2　公司贷款控制策略

6.2.1　公司办理贷款时是否能提交虚假材料

任何一家公司，无论在哪个阶段，都需要注入资金，以扩大规模并形成健康的现金流。所以，办理贷款是所有公司都在进行的工作。而银行贷款往往存在着"二八法则"，即占据市场主体 20% 的大型公司很容易从银行获得 80% 的贷款，而占据市场主体 80% 的中小型公司就要争夺 20% 的银行贷款。

在这种情况下，公司信用、还款能力就成为银行衡量是否贷款的标准。一些条件不符合的公司，为了获得贷款，就开始动"歪脑筋"，企图通过伪造资料向银行申请贷款。为了让自己的资金流水看起来好看，一些公司甚至会花钱雇人制作虚假资金流水，这种行为已经严重触犯了法律。

高先生是一家食品销售公司的负责人，其公司的主要业务是向东南亚销售国内食品。食品销售公司与甲公司之间有着密切的合作关系，甲公司是一家规模较大的食品生产公司，甲公司的负责人汪先生与高先生的私人关系也非常好。

汪先生找到高先生，表示甲公司现在资金很紧张，多次从银行申请贷款都未成功，希望高先生帮忙。汪先生说了一下他的方案：

由食品销售公司作为贷款主体向银行申请贷款 1000 万元,然后食品销售公司和甲公司签订供货合同,银行就会把贷款直接付给甲公司,之后所有的银行贷款都由甲公司来偿还。

高先生表示:食品销售公司现在也存在亏损的情况,肯定不符合贷款要求。但汪先生说,可以调整会计账簿,然后就可以顺利办理贷款。

高先生有些犹豫,他不知道,如果他提交了虚假贷款申请材料是否会构成犯罪。

近年来,类似这种通过提交虚假材料进行贷款的现象屡见不鲜。

事实上,这种行为已经构成犯罪。

这是因为,公司如果提交虚假贷款申请材料后取得贷款,造成银行重大损失或其他严重情节,就会涉嫌构成骗取贷款罪。

骗取贷款罪是指以欺骗手段取得银行或者其他金融机构贷款,给银行或者其他金融机构造成重大损失或者有其他严重情节的行为。该罪名强调的是以欺骗手段骗取了金融机构的贷款,即使行为人主观上不具有非法占有的目的,或者难以证明不具有非法占有的目的时,仍然可以以骗取贷款罪定罪处罚。这可以震慑借款人及时归还贷款,防范金融风险。

实践中,公司骗取贷款的主要方式及构成要件如表 6.2-1 所示。

表 6.2-1 公司骗取贷款的主要方式及构成要件

分类	主要方式	构成要件
第一种	使用虚假的经济合同骗取贷款	①取得贷款的欺骗手段须是故意为之且有现实危险; ②欺骗手段与取得贷款存在因果联系; ③骗取贷款须有严重情节
第二种	编造虚假的项目,夸大经营能力	
第三种	使用虚假的产权证明或资信证明做担保	

增设骗取贷款罪填补了民事欺诈与贷款诈骗罪之间的空缺，扩大了对破坏金融秩序行为的刑事制裁范围。骗取贷款罪的犯罪人不是以非法占有为目的的，而是在不符合贷款条件的情况下为取得贷款而采用非法手段，是有归还的意愿的。

◻ 关键知识链接 --

《中华人民共和国刑法》第一百七十五条之一

以欺骗手段取得银行或者其他金融机构贷款、票据承兑、信用证、保函等，给银行或者其他金融机构造成重大损失的，处三年以下有期徒刑或者拘役，并处或者单处罚金；给银行或者其他金融机构造成特别重大损失或者有其他特别严重情节的，处三年以上七年以下有期徒刑，并处罚金。

单位犯前款罪的，对单位判处罚金，并对其直接负责的主管人员和其他直接责任人员，依照前款的规定处罚。

结合本案例，高先生如果按照汪先生所提的方案执行，由于签订的是虚假合同，又制作了虚假财务报表隐瞒了亏损事实，一旦甲公司将来不能按时还款，给银行造成损失，高先生将承担刑事责任。

需要特别指出的是，即使高先生提出贷款申请是基于对甲公司的信任，并没有要非法占有贷款，但基于对欺骗手段的应用，高先生仍然要承担刑事责任。

正因为使用虚假材料办理贷款将承担严重的后果，所以，公司应注意如下两点。

①严格按照银行程序办理贷款，部分公司在向银行贷款时存在侥幸心理，认为自己贷款时虽然提交了虚假材料，但自己提供了足额担保，并且偿还了大部分银行贷款，并未严重侵害银行利益，这种一直游走在法律边缘的想法和行为是不可取的。

②确保公司正确使用贷款并按时归还，在贷款期间一直严格按照约定偿还贷款利息，到期后能全额归还贷款本金及利息。

6.2.2　公司贷款无法偿还该如何处理

顺利取得贷款，意味着公司的发展有了新的机遇。但有了贷款不等于就可以促进经营。因为经营不善，很多公司在取得贷款后遭遇"寒冬"，不仅没能改善经营，而且连贷款也无法偿还。这时，有的公司便切断了一切与银行的联系，企图逃避银行债务。对于这种行为，法律是如何做出裁决的？

宋先生是某地一家银行的信贷主任。夏先生通过朋友介绍与宋先生相识，希望从银行贷款70万元。夏先生向宋先生出具了甲有限公司（以下简称甲公司）的营业执照等材料，还告诉宋先生，甲公司主要从事钢材贸易业务，大部分产品销往外地。

为了证明甲公司的经营实力，夏先生出具了甲公司与乙化工有限公司（以下简称乙公司）签订的购销合同，从购销合同上看乙公司向甲公司采购了价值1500万元的钢材。为此，宋先生去甲公司考察多次，认为甲公司拥有一定实力，就让甲公司提交了相应的贷款材料，包括甲公司的财务报表等。

贷款下放后，甲公司正常偿还了两期利息，但之后就不按时偿还了。由于这笔贷款的第一责任人是宋先生，所以他非常着急，就去甲公司找夏先生。谁知，宋先生到了甲公司，却发现甲公司已经搬走，给夏先生打电话，夏先生手机也停机。

宋先生有点着急，就联系当时介绍夏先生的朋友，这位朋友表示："我也在找夏先生，夏先生还从我这里借走了20万元。"这位朋友还跟宋先生说，他从别人那里了解到夏先生经常乱花钱，借了不少钱，至少有1000万元。而且，甲公司应该就是个空壳公司。

宋先生连忙整理了一下夏先生的贷款材料，发现了几个重要的线索，夏先生的公司注册资金是1000万元，但该公司的房产等全部是租的，注册资金很可能是借的。夏先生提交的甲公司和乙公司的购销合同应该也有问题，通过多方了解得知，乙公司是夏先生在外地用小舅子的名义成立的，也是个空壳公司。

宋先生现在已经联系不上夏先生了，甲公司也不在了，夏先生的行为是否构成刑事犯罪？

针对本案例，夏先生已经涉嫌构成贷款诈骗罪。

所谓贷款诈骗罪，是指以非法占有为目的，编造引进资金、项目等虚假理由，使用虚假的经济合同、虚假的证明文件、虚假的产权证明作担保，超出抵押物价值重复担保或者以其他方法诈骗银行或者其他金融机构的贷款且数额较大的行为。

贷款诈骗罪的构成要件如表 6.2-2 所示。

表 6.2-2　贷款诈骗罪的构成要件

构成要件	内容
编造引进资金、项目等虚假理由骗取银行或者其他金融机构的贷款	①本罪的主体是一般主体，单位不能成为本罪的主体；②本罪的客观方面是利用虚构事实或隐瞒真相的方法，骗取银行或者其他金融机构的贷款且数额较大的行为；③本罪的主观方面是故意，主要是以非法占有为目的。当然，犯罪动机有多种，例如个人挥霍等，但犯罪动机不影响本罪的成立
使用虚假的经济合同骗取贷款	
使用虚假的产权证明作担保或者超出抵押物价值重复担保而骗取贷款	
使用虚假的证明文件骗取贷款	

结合本案例，夏先生以虚假的注册资金成立公司，隐瞒了公司营运能力不足的事实，在明知没有归还能力的情况下，伪造了甲公司和乙公司的购销合同、财务报表等，骗取了宋先生的信任，获得银行贷款，且获得的贷款主要用于个人消费，在归还两期利息后即携款逃匿的行为，应当被认定为涉嫌构成贷款诈骗罪。由于贷款诈骗罪的主体只能是自然人，本案例应由夏先生承担刑事责任。

▫ 关键知识链接 --

《中华人民共和国刑法》第一百九十三条

有下列情形之一，以非法占有为目的，诈骗银行或者其他金融机构的贷款，数额较大的，处五年以下有期徒刑或者拘役，并处二万元以上二十万元以下罚金；数额巨大或者有其他严重情节的，处五年以上十年以下有期徒刑，并处五万元以上五十万元以下罚金；数额特别巨大或者有其他特别严重情节的，处十年以上有期徒刑或者无期徒刑，并处五万元以上五十万元以下罚金或者没收财产：

（一）编造引进资金、项目等虚假理由的；

（二）使用虚假的经济合同的；

（三）使用虚假的证明文件的；

（四）使用虚假的产权证明作担保或者超出抵押物价值重复担保的；

（五）以其他方法诈骗贷款的。

需要注意的是，本罪与骗取贷款罪既有相同之处也有明显的不同之处。同样的金额，骗取贷款罪可能会判3年以下有期徒刑，而贷款诈骗罪可能判决10年以上有期徒刑，由于公司贷款数额往往较高，两种罪名的区别就显得格外重要。贷款诈骗罪最重要的特点就是贷款行为以非法与有为目的，在司法实践中，一般依照以下七种方式认定贷款诈骗罪。

（1）明知没有归还能力而大量骗取资金的。

（2）非法获取资金后逃跑的。

（3）肆意挥霍骗取的资金的。

（4）使用骗取的资金进行违法犯罪活动的。

（5）抽逃、转移资金，隐匿财产，以逃避返还资金的。

（6）隐匿、销毁账目，或者搞假破产、假倒闭，以逃避返还资金的。

（7）其他非法转移资金、拒不返还的。

□ 关键知识链接 --

《最高人民检察院、公安部关于公安机关管辖的刑事案件立案追诉标准的规定（二）》第四十五条规定：[贷款诈骗案（刑法第一百九十三条）] 以非法占有为目的，诈骗银行或者其他金融机构的贷款，数额在五万元以上的，应予立案追诉。

《最高人民法院全国法院审理金融犯罪案件工作座谈会纪要》（三）关于金融诈骗罪

1. 金融诈骗罪中非法占有目的的认定。

金融诈骗犯罪都是以非法占有为目的的犯罪。在司法实践中，认定是否具有非法占有为目的，应当坚持主客观相一致的原则，既要避免单纯根据损失结果客观归罪，也不能仅凭被告人自己的供述，而应当根据案件具体情况具体分析。根据司法实践，对于行为人通过诈骗的方法非法获取资金，造成数额较大资金不能归还，并具有下列情形之一的，可以认定为具有非法占有的目的：

（1）明知没有归还能力而大量骗取资金的；

（2）非法获取资金后逃跑的；

（3）肆意挥霍骗取的资金的；

（4）使用骗取的资金进行违法犯罪活动的；

（5）抽逃、转移资金，隐匿财产，以逃避返还资金的；

（6）隐匿、销毁账目，或者搞假破产、假倒闭，以逃避返还资金的；

（7）其他非法占有资金、拒不返还的行为。但是，在处理具体案件的时候，对于有证据证明行为人不具有非法占有目的的，不能单纯以财产不能归还就按金融诈骗罪处罚。

2. 贷款诈骗罪的认定和处理。贷款诈骗犯罪是目前案发较多的金融诈骗犯罪之一。审理贷款诈骗犯罪案件，应当注意以下两个问题：

一是单位不能构成贷款诈骗罪。根据刑法第三十条和第一百九十三条的规定，单位不构成贷款诈骗罪。对于单位实施的贷款诈骗行为，不能以贷款诈骗罪定罪处罚，也不能以贷款诈骗罪追究直接负责的主管人员和其他直接责任人员的刑事责任。但是，在司法实践口，对于单位十分明显地以非法占有为目的，利用签订、履行借款合同诈骗银行或其他金融机构贷款，符合刑法第二百二十四条规定的合同诈骗罪构成要件的，应当以合同诈骗罪定罪处罚。

二是要严格区分贷款诈骗与贷款纠纷的界限。对于合法取得贷款后，没有按规定的用途使用贷款，到期没有归还贷款的，不能以贷款诈骗罪定罪处罚；对于确有证据证明行为人不具有非法占有的目的，因不具备贷款的条件而采取了欺骗手段获取贷款，案发时有能力履行还贷义务，或者案发时不能归还贷款是因为意志以外的原因，如因经营不善、被骗、市场风险等，不应以贷款诈骗罪定罪处罚。

银行贷款是公司主要的融资途径，是解决资金困难的主要方式，相比于民间借贷，银行贷款利率低，但审核过于严格，条件苛刻。公司应当做好以下三项工作。

①申请贷款时，不要向银行编造引进资金、项目等虚假理由，更不要提供虚假的经济合同，也不要提供虚假的担保证明材料。

②贷款后，应当将贷款全部用于公司经营，不得用于个人债务等非贷款审批项目。

③贷款如不能按期归还，应当尽可能归还一部分，或者提供新的担保，更不要逃匿，拒绝与银行联系，以避免被认定为以非法占有为目的的贷款诈骗罪。

6.2.3 以公司名义向银行贷款后转借他人该如何处理

近年来，随着金融借贷市场的火热，有些高层管理人员产生了"借鸡生蛋"的想法，不少信用良好的公司以较低的银行利率从银行取得贷款，再以高额利息转借给其他公司，并以此谋利。这种行为是否违法？存在哪些风险？

曹先生是甲化工公司（以下简称甲公司）的法定代表人及董事，公司主要从事化工原料的生产，多年来由于坚持现款提货的经营方式，公司的发展很稳定。

2016年2月，曹先生在一次同学聚会上与大学同学高先生再次见面。二人上大学时就是室友，多年未见格外高兴。聊天中，高先生与曹先生聊起业务，曹先生得知高先生在乙房地产公司（以下简称乙公司）担任副总职务。

告别时，曹先生与高先生互相留了联系方式。过了几天，高先生打电话给曹先生，表示有个业务想要交流。于是，他们在曹先生的办公室进行了沟通。高先生表示："乙公司现在资金很紧张，无法取得银行贷款，公司股东们愿意以高利息借钱，如果甲公司愿意，可以以甲公司的名义向银行贷款，获得贷款后将资金转借给乙公司，甲公司可以先把利息扣除，将剩下的款项给乙公司。之后的本金、利息由乙公司承担。"

曹先生听了很感兴趣，如果操作得当，自己的公司会直接获得高额的利润，而且公司只需拿出抵押物即可。不过，曹先生也有一些担心：如果自己贷款后出借给乙公司，是否构成犯罪？

现实中，很多企业都希望通过案例中的这种方法获得利润，毕竟自己几乎不用付出多少成本。

但现实是，如果将银行贷款转借给他人，牟取利益，就会涉嫌构成高利转贷罪。

这是因为，甲公司以自己的名义贷款，贷款后又转借给乙公司，并收取高利息，这样可以被认定为以非法牟利为目的，套取银行信贷资金高利转贷。由于转贷获取的利息高于银行同期利息，即构成高利，因此，这种行为涉嫌违法。

所谓高利转贷罪，是指以转贷牟利为目的，套取金融机构信贷资金再高利转贷给他人，违法所得数额较大的行为。

高利转贷罪主要有以下四个特点。

（1）本罪侵犯的对象是国家金融信贷资金管理制度。根据法律法规的要求，申请贷款时，贷款申请人必须述明贷款的合法用途、偿还能力、还款方式，原则上还应提供担保人或质押、不动产抵押等，银行及其他金融机构经有关工作人员审查、评估后，方能确认是否发放贷款。

信贷资金管理中的金融机构包括银行和非银行金融机构。其中银行主要指工商银行、农业银行、建设银行、中国银行四大国有独资商业银行，也包括若干投资主体合资设立的股份制银行，如交通银行、投资银行、光大银行、发展银行、民生银行等，此外还包括属于集体经济性质的城市合作制银行等。非银行金融机构主要指依法享有存、贷款经营权的非银行金融单位，如信托投资部门，保险机构，金融租赁公司，城市、农村信用合作社等。

（2）本罪的客观方面为非法获得高利，具体表现为将套取的金融机构的信贷资金以高于金融机构的贷款利率转贷给他人，获取高额利益。

（3）本罪的主体是一般主体，可以是单位和个人。

（4）本罪的主观方面是故意，且是以转贷牟利为目的的。

高利转贷罪的关键是对"高利"的认定，本罪所涉及的资金直接来源于金融机构的信贷资金，行为人将信贷资金以高于银行的贷款利率转贷给他人，非法获取利益，就构成了本罪，高出银行贷款利率多少，并不影响本罪的构成。

▫ 关键知识链接 --

《中华人民共和国刑法》第一百七十五条

以转贷牟利为目的，套取金融机构信贷资金高利转贷他人，违法所得数额较大的，处三年以下有期徒刑或者拘役，并处违法所得一倍以上五倍以下罚金；数额巨大的，处三年以上七年以下有期徒刑，并处违法所得一倍以上五倍以下罚金。

单位犯前款罪的，对单位判处罚金，并对其直接负责的主管人员和其他直接责任人员，处三年以下有期徒刑或者拘役。

《最高人民检察院、公安部关于公安机关管辖的刑事案件立案追诉标准的规定（二）》第二十一条规定：

[高利转贷案（刑法第一百七十五条）] 以转贷牟利为目的，套取金融机构信贷资金高利转贷他人，违法所得数额在五十万元以上的，应予立案追诉。

《最高人民法院关于审理民间借贷案件适用法律若干问题的规定》第一条

本规定所称的民间借贷，是指自然人、法人和非法人组织之间进行资金融通的行为。

经金融监管部门批准设立的从事贷款业务的金融机构及其分支机构，因发放贷款等相关金融业务引发的纠纷，不适用本规定。

《最高人民法院关于审理民间借贷案件适用法律若干问题的规定》第十条

法人之间、非法人组织之间以及它们相互之间为生产、经营需要订立的民间借贷合同，除存在民法典第一百四十六条、第一百五十三条、第一百五十四条以及本规定第十三条规定的情形外，当事人主张民间借贷合同有效的，人民法院应予支持。

《最高人民法院关于审理民间借贷案件适用法律若干问题的规定》第十三条

具有下列情形之一的，人民法院应当认定民间借贷合同无效：

（一）套取金融机构贷款转贷的；

（二）以向其他营利法人借贷、向本单位职工集资，或者以向公众非法吸收存款等方式取得的资金转贷的；

（三）未依法取得放贷资格的出借人，以营利为目的向社会不特定对象提供借款的；

（四）出借人事先知道或者应当知道借款人借款用于违法犯罪活动仍然提供借款的；

（五）违反法律、行政法规强制性规定的；

（六）违背公序良俗的。

需要注意的是，在高利转贷罪规定的"高利转贷给他人"中，高利转贷的违法所得并不局限于利息，以手续费、服务费、保证金等方式收取违法所得的，只要符合违法所得数额较大这一点，都涉嫌犯罪。犯罪数额是指高利转贷所得报酬与应支付给金融机构贷款利息的差额，即贷款人因借出资本而以各种名目获得的报酬，在扣除金融机构利息后的剩余部分。

高利转贷案件近年来频发。一些创业公司在创业前期由于实力不足，无法通过银行等金融机构的贷款审批，而一些实力较强的公司基于授信较好等原因，更容易获得信贷资金。在此情况下，一些公司看准了银行与民间借贷之间的利息差这一特点，铤而走险，实施高利转贷行为。殊不知这种行为不仅会使银行蒙受利息差损失，同时由于缺少信贷审查，也容易使银行的信贷资金陷入无法收回的境地。

公司应当做好以下两点。

（1）贷款应当按照信贷约定的使用目的正常使用，需要特别指出的是，贷款的用途和实际用途不同，只要正常还款，并不构成犯罪，例如公司贷款先计划用于物流，后用于采购，此举并不构成犯罪。

（2）贷款最好专款专用，较简单的方法就是建立单独的账户。

6.3 公司民间融资控制策略

6.3.1 公司是否可向不特定对象融资

由于银行贷款存在较高的门槛，所以，公司有时也会选择从民间进行融资。目前，社会中存在大量的民间资本找不到投资方向，而法律法规原则上又允许公司借款，这就给公司融资拓宽了渠道。但是，公司如果向社会民间资本进行无差别宣传，并且利用高利息进行诱惑，则很可能会构成犯罪。

郑先生与朋友田先生一起成立了一家销售策划公司，注册资金为 50 万元。公司成立后为了增加人气，将大部分资金都用于装修和广告宣传，导致在后期业务上资金紧张。

郑先生与田先生一直为资金的来源发愁，他们去过多家银行，而银行都要求提供房产抵押或者大公司担保，贷款难度非常大。

田先生前不久去深圳出差，回来与郑先生商量：可以向社会集资，以公司扩大规模为由吸收社会资金。这样既解决了资金短缺的问题，也可以进行一些投资项目的操作。田先生的意见是：召开一次招商会，召集听众前来参加，听众以中老年人为主，在招商会上重点介绍公司的发展前景，以此引起关注。投资者根据投资额的不同，可以获得相应的奖励，投资额在 100 万元以上的，可以奖励一套房产，公司承诺按照一分五的利息还本付息。

郑先生觉得这个方案可行，但他又担心：这样做是否违法？

本案例中的该行为涉嫌构成非法吸收公众存款罪。

所谓非法吸收公众存款罪，是指违反国家金融管理法规非法吸收公众存款或变相吸收公众存款，扰乱金融秩序的行为。准确理解非法吸收公众存款罪的关键在于：首先，要坚持该罪的行为主体的不特定性和危害金融秩序的具体性的统一；其次，构成非法吸收公众存款罪的行为不以非法占有为目的，如果集资行为以非法占有目的，则涉嫌构成集资诈骗罪。

构成非法吸收公众存款罪需要同时符合四个条件，如图 6-3 所示。

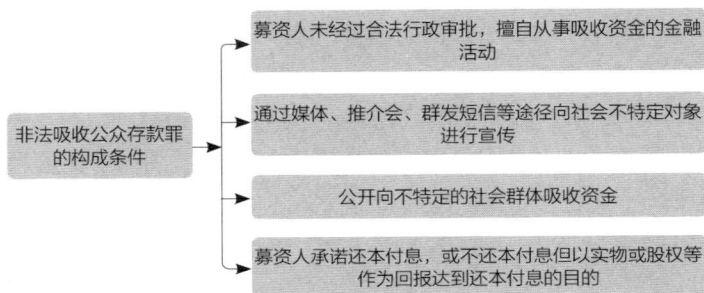

图 6-3 非法吸收公众存款罪的构成条件

结合本案例，郑先生和田先生现在已经处于经营业务高风险状态，如果通过招商会进行渲染性的宣传，且向社会不特定对象吸收资金，以到期还本付息及实物奖励做诱饵，将涉嫌构成非法吸收公众存款罪，即使其所筹集的资金用于公司运营，也改变不了以虚假宣传的手段达到非法吸收公众存款目的的事实。因此，不建议采取这种方式融资。需要特别指出的是，如果未向社会公开宣传，只在亲友或者单位内部针对特定对象募集资金，属于合法的民间借贷行为。

与此同时，非法吸收公众存款罪主要针对违反国家金融管理的融资行为，如果有以非法占有为目的的融资行为，就可能涉嫌集资诈骗罪。

▫ 关键知识链接 --

《中华人民共和国刑法》第一百七十六条

非法吸收公众存款或者变相吸收公众存款，扰乱金融秩序的，处三年以下有期徒刑或者拘役，并处或者单处罚金；数额巨大或者有其他严重情节的，处三年以上十年以下有期徒刑，并处罚金；数额特别巨大或者有其他特别严重情节的，处十年以上有期徒刑，并处罚金。

单位犯前款罪的，对单位判处罚金，并对其直接负责的主管人员和其他直接责任人员，依照前款的规定处罚。

《最高人民法院关于审理非法集资刑事案件具体应用法律若干问题的解释》第一条

违反国家金融管理法律规定，向社会公众（包括单位和个人）吸收资金的行为，同时具备下列四个条件的，除刑法另有规定的以外，应当认定为刑法第一百七十六条规定的"非法吸收公众存款或者变相吸收公众存款"：

（一）未经有关部门依法许可或者借用合法经营的形式吸收资金；

（二）通过网络、媒体、推介会、传单、手机信息等途径向社会公开宣传；

（三）承诺在一定期限内以货币、实物、股权等方式还本付息或者给付回报；

（四）向社会公众即社会不特定对象吸收资金。

未向社会公开宣传，在亲友或者单位内部针对特定对象吸收资金的，不属于非法吸收或者变相吸收公众存款。

《最高人民法院关于审理非法集资刑事案件具体应用法律若干问题的解释》第二条

实施下列行为之一，符合本解释第一条第一款规定的条件的，应当依照刑法第一百七十六条的规定，以非法吸收公众存款罪定罪处罚：

（一）不具有房产销售的真实内容或者不以房产销售为主要目的，以返本销售、售后包租、约定回购、销售房产份额等方式非法吸收资金的；

（二）以转让林权并代为管护等方式非法吸收资金的；

（三）以代种植（养殖）、租种植（养殖）、联合种植（养殖）等方式非法吸收资金的；

（四）不具有销售商品、提供服务的真实内容或者不以销售商品、提供服务为主要目的，以商品回购、寄存代售等方式非法吸收资金的；

（五）不具有发行股票、债券的真实内容，以虚假转让股权、发售虚构债券等方式非法吸收资金的；

（六）不具有募集基金的真实内容，以假借境外基金、发售虚构基金等方式非法吸收资金的；

（七）不具有销售保险的真实内容，以假冒保险公司、伪造保险单据等方式非法吸收资金的；

（八）以网络借贷、投资入股、虚拟币交易等方式非法吸收资金的；

（九）以委托理财、融资租赁等方式非法吸收资金的；

（十）利用民间"会""社"等组织非法吸收资金的；

（十一）其他非法吸收资金的行为。

《最高人民法院关于审理非法集资刑事案件具体应用法律若干问题的解释》第三条

非法吸收或者变相吸收公众存款，具有下列情形之一的，应当依法追究刑事责任：（一）个人非法吸收或者变相吸收公众存款，数额在 20 万元以上的，单位非法吸收或者变相吸收公众存款，数额在 100 万元以上的；（二）个人非法吸收或者变相吸收公众存款对象 30 人以上的，单位非法吸收或者变相吸收公众存款对象 150 人以上的；（三）个人非法吸收或者变相吸收公众存款，给存款人造成直接经济损失数额在 10 万元以上的，单位非法吸收或者变相吸收公众存款，给存款人造成直接经济损失数额在 50 万元以上的；（四）造成恶劣社会影响或者其他严重后果的。

具有下列情形之一的，属于刑法第一百七十六条规定的"数额

巨大或者有其他严重情节":

（一）个人非法吸收或者变相吸收公众存款，数额在100万元以上的，单位非法吸收或者变相吸收公众存款，数额在500万元以上的；

（二）个人非法吸收或者变相吸收公众存款对象100人以上的，单位非法吸收或者变相吸收公众存款对象500人以上的；

（三）个人非法吸收或者变相吸收公众存款，给存款人造成直接经济损失数额在50万元以上的，单位非法吸收或者变相吸收公众存款，给存款人造成直接经济损失数额在250万元以上的；

（四）造成特别恶劣社会影响或者其他特别严重后果的。非法吸收或者变相吸收公众存款的数额，以行为人所吸收的资金全额计算。案发前后已归还的数额，可以作为量刑情节酌情考虑。非法吸收或者变相吸收公众存款，主要用于正常的生产经营活动，能够及时清退所吸收资金，可以免予刑事处罚；情节显著轻微的，不作为犯罪处理。

需要特别指出的是，公司是否针对"不特定对象"吸收资金是区分非法吸收公众存款与普通民间借贷的关键。不特定对象的判断标准不是存款人与公司的关系，而是公司是否对公众做出了不区分的宣传和融资。公司在募集资金时，建议不要用媒体、招商会、群发短信、群发微信等途径宣传，开展大规模宣传会被界定为有向不特定对象集资的主观意图。

同时，最高人民法院的司法解释也进一步对非法吸收公众存款罪做了限定性规定，对于非法吸收公众存款但主要用于正常生产经营活动的，事发后能偿还所有吸收资金的，可以免予刑事处罚，这是为了保护债权人的利益，避免损失的扩大。

6.3.2　公司如何进行民间融资才合法合理

近年来，涉嫌非法集资的案件数量急剧增加，在金额、涉及人数、影响范围等多个方面均呈现出越来越严重的发展态势。

随着网络金融业务的发展,非法集资还呈现出通过网络传媒实施诈骗的现象。部分网络借贷信息中介机构利用网络借贷平台发布虚假项目信息,所得融资资金大部分未用于生产经营活动,主要用于借新还旧和个人挥霍,由于项目虚假,融资进入"滚雪球"状态,一旦资金链断裂,债务必然无法按时偿还。

黄先生与朋友高先生一起成立了一家投资公司,由于成立公司时资金不足,他们通过中介公司采用过桥资金出资的形式,完成了工商登记注册,公司注册资金为1000万元,由黄先生担任法定代表人及总经理。

公司成立后投资了几个项目,但这几个项目都不是很理想。公司股东高先生去上海考察回来后给黄先生提了一个建议:"上海的墓地很值钱,很有市场前景,我们可以以投资墓地的名义吸引更多的人投资,我们可以签订投资协议书,承诺到期还本付息,利息为每月五分,吸引来的资金一部分用于购买墓地,一部分用于偿还之前的利息,一部分用于投资购买股票,一部分用于个人购买房产,这样资金不在同一个篮子里,肯定不会亏损,而且即使亏损了,也是公司的正常经营行为,跟我们没有任何关系,实在需要,我们还可以变卖名下的房产用于偿还债务。"

黄先生听了高先生的提议非常心动,毕竟现在公司资金有些紧张,这样做可以大大缓解资金压力,但对高先生所说的"即使亏损了,也是公司的正常经营行为,跟我们没有任何关系"这一点,黄先生还是有很大的疑虑。

实际上,高先生和黄先生如果按照上述的想法实施,将涉嫌构成集资诈骗罪。

所谓集资诈骗罪,是指以非法占有为目的,违反有关金融法律、法规的规定,使用诈骗方法进行非法集资,扰乱国家正常金融秩序,侵犯公司财产所有权,且数额较大的行为。以非法占有为目的是构成本罪的关键，实践中集资诈骗罪的认定标准如图 6-4 所示。

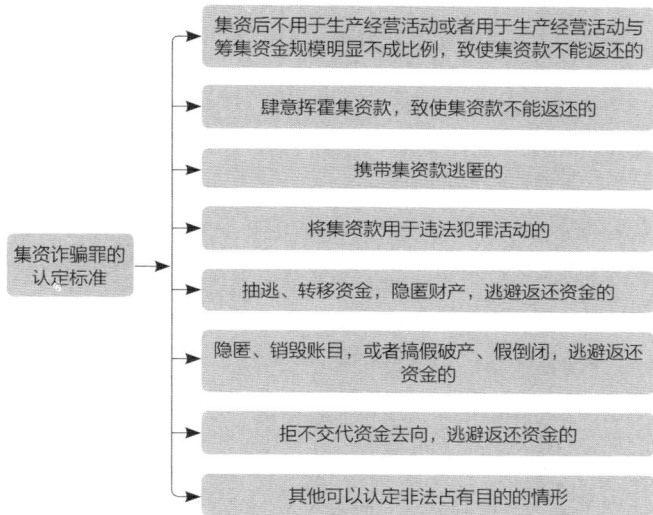

集资后不用于生产经营活动或者用于生产经营活动与筹集资金规模明显不成比例，致使集资款不能返还的

肆意挥霍集资款，致使集资款不能返还的

携带集资款逃匿的

将集资款用于违法犯罪活动的

抽逃、转移资金，隐匿财产，逃避返还资金的

隐匿、销毁账目，或者搞假破产、假倒闭，逃避返还资金的

拒不交代资金去向，逃避返还资金的

其他可以认定非法占有目的的情形

集资诈骗罪的认定标准

图6-4 集资诈骗罪的认定标准

结合本案例，高先生的提议，实际上是以融资为由吸引客户将资金借给公司，但公司在收到资金后，如果不将资金用于指定项目，而是用其偿还过去的高额利息，由于利息达到月息五分，通过正常的经营根本不可能偿还。公司用吸收资金购买股票属于高风险投资，并未经过客户同意。将资金用于股东个人购买房屋，也属于违法行为。这些行为说明公司在主观上存在非法占有的目的，一旦实施，其将构成集资诈骗罪。

▢ 关键知识链接 --

《最高人民检察院、公安部关于公安机关管辖的刑事案件立案追诉标准的规定（二）》第四十四条

[集资诈骗案（刑法第一百九十二条）] 以非法占有为目的，使用诈骗方法非法集资，数额在十万元以上的，应予立案追诉。

《最高人民法院关于审理非法集资刑事案件具体应用法律若干问题的解释》第七条

以非法占有为目的，使用诈骗方法实施本解释第二条规定所列行为的，应当依照刑法第一百九十二条的规定，以集资诈骗罪定罪处罚。

使用诈骗方法非法集资，具有下列情形之一的，可以认定为"以非法占有为目的"：

（一）集资后不用于生产经营活动或者用于生产经营活动与筹集资金规模明显不成比例，致使集资款不能返还的；

（二）肆意挥霍集资款，致使集资款不能返还的；

（三）携带集资款逃匿的；

（四）将集资款用于违法犯罪活动的；

（五）抽逃、转移资金、隐匿财产，逃避返还资金的；

（六）隐匿、销毁账目，或者搞假破产、假倒闭，逃避返还资金的；

（七）拒不交代资金去向，逃避返还资金的；

（八）其他可以认定非法占有目的的情形。

集资诈骗罪中的非法占有目的，应当区分情形进行具体认定。行为人部分非法集资行为具有非法占有目的的，对该部分非法集资行为所涉集资款以集资诈骗罪定罪处罚；非法集资共同犯罪中部分行为人具有非法占有目的，其他行为人没有非法占有集资款的共同故意和行为的，对具有非法占有目的的行为人以集资诈骗罪定罪处罚。

《最高人民法院关于审理非法集资刑事案件具体应用法律若干问题的解释》第八条

集资诈骗数额在10万元以上的，应当认定为"数额较大"；数额在100万元以上的，应当认定为"数额巨大"。

集资诈骗数额在 50 万元以上，同时具有本解释第三条第二款第三项情节的，应当认定为刑法第一百九十二条规定的"其他严重情节"。

集资诈骗的数额以行为人实际骗取的数额计算，在案发前已归还的数额应予扣除。行为人为实施集资诈骗活动而支付的广告费、中介费、手续费、回扣，或者用于行贿、赠与等费用，不予扣除。行为人为实施集资诈骗活动而支付的利息，除本金未归还可予折抵本金以外，应当计入诈骗数额。

在实践中，犯罪分子使用诈骗方法非法集资的行为主要是利用公众缺乏投资知识、盲目投资的心理，钻市场经济条件下经济活动纷繁复杂等造成的空子进行的。例如有的行为人谎称其集资得到了政府领导和有关主管部门的同意，有时甚至伪造有关批文，以骗取社会公众的信任；有的大肆登载虚假广告，吸引社会公众投资；有的打着举办集体公司或发展高科技的幌子，以良好的经济效益和优厚的红利为诱饵；有的虚构实际上并不存在的公司或公司计划。只要行为人采用了隐瞒真相或虚构事实的方法进行集资，均属于使用欺骗方法非法集资行为。

需要特别指出的是，黄先生和高先生成立公司时，找中介公司借款的行为，在法律上属于抽逃出资，股东对此除需要承担补充赔偿的责任外，还会被认定为虚报资金注册公司营业执照，欺骗客户，隐瞒公司没有运营资金的行为，建议及时将注册资金补充到位，以避免承担法律责任。

那么，公司该如何做才能避免触碰集资诈骗罪的红线呢？具体措施如下。

（1）公司应避免利用虚假项目进行集资。

（2）所募集到的资金应主要用于生产经营活动。

（3）所募集到的资金不能随意挥霍或用于违法活动。

（4）公司经营困难时，不能携带集资款逃跑，或销毁账目，逃避债务。

（5）公司融资时不要通过公众媒介宣传，以避免向不特定对象集资。

6.4 公司减资控制策略

6.4.1 公司减资的流程及所需资料

公司减资是指公司资本过剩或亏损严重，根据经营业务的实际情况，依法减少注册资本的行为。公司减资，同样要遵循公司法等相关法律的规定，以保证减资合法合规。

1. 流程

公司减资的具体流程如图 6-5 所示。

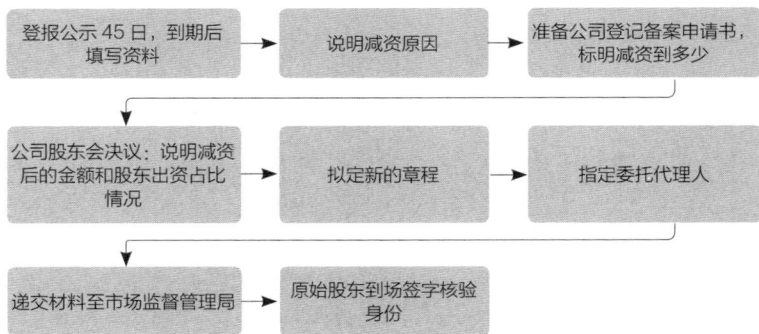

图 6-5 公司减资的具体流程

2. 所需资料

公司减资所需资料如表 6.4-1 所示。

表 6.4-1　公司减资所需资料

序号	所需资料
1	公告 45 天以后的财务报表（资产负债表、利润表等）
2	前期验资报告
3	营业执照副本复印件
4	新章程、新股东会决议、旧章程
5	股东身份证复印件，如果有法人股东，需要法人股东营业执照复印件
6	报纸原件以及复印件
7	减资前银行对账单
8	最近一期验资报告

公司减资是受到严格限制的，而做出这种限制的根本目的是确保交易安全，保护股东和债权人的利益。因此，在减资的程序中，减资协议必须经代表三分之二以上表决权的股东通过，且要公告或通知债权人，保证债权人有提出清偿或要求提供担保的机会，如不通知债权人，就会导致在程序上严重违法。减资后剩余资本须符合法律规定。

6.4.2　公司减资时的股东权利与义务

作为适应市场经济社会化大生产的需要而出现的组织形态，公司在现代市场中起着异常重要的作用。股东同样如此，如果公司及股东决定增加注册资本，这对公司和债权人来说都会起到积极的意义。但是，如果股东减少注册资本，会对公司产生怎样的影响呢？同时，股东还应承担哪些权利与义务呢？

程先生是甲公司的负责人，甲公司与外地的乙公司签订了产品买卖合同，共向乙公司销售了价值 500 万元的货物。乙公司支付了50% 的货款后，就不再支付剩余货款了，甲公司多次催促乙公司，其均拖延推诿。

无奈，甲公司起诉了乙公司，但乙公司名下并没有多少有效资产。为此，甲公司查询了乙公司的工商材料，发现乙公司在双方合同履行过程中将注册资本从1200万元减到了500万元。

甲公司非常愤怒，认为乙公司是在故意欺骗，双方交易的时候，甲公司就是因为注册资本才信任乙公司的。甲公司联系了乙公司，对方说减资时已经在报纸上公告了，故不存在任何过错。

程先生很疑惑，甲公司可否以乙公司有过错向乙公司股东追偿？

针对此案例，程先生可以要求乙公司股东在减资范围内承担补充赔偿责任。

这是因为，法律明确规定，公司减资时必须通知债权人并公告，其目的就在于保护债权人的债权。

结合本案例，乙公司在召开股东会会议决定减资时，其股东在明知公司有大额债务未付清的情况下，仍然通过减少注册资本的决议，乙公司仅在报纸上对公司减资进行公告，并未通知甲公司，违反了《中华人民共和国公司法》中关于减资的规定，乙公司的股东负有补充赔偿的责任。

同时，《中华人民共和国公司法》规定公司减资负有通知义务，但公司是否减资需要由股东会做出决议，减资的决策和减资的程序由股东会进行决议，体现的是股东的集体意志，股东对公司减资的后果非常清楚，股东在公司通知义务的履行方面，负有合理注意义务，因为股东应按照公司章程全面履行出资义务，同时负有维持公司注册资本充实的责任。在公司减资程序存在瑕疵的情况下，公司减资导致公司偿债能力下降的，股东应当对不能清偿的债务承担补充赔偿责任。

▫ 关键知识链接 --

《中华人民共和国公司法》第二百二十四条

公司减少注册资本，应当编制资产负债表及财产清单。

公司应当自股东会作出减少注册资本决议之日起十日内通知债权人，并于三十日内在报纸上或者国家企业信用信息公示系统公告。债权人自接到通知之日起三十日内，未接到通知的自公告之日起四十五日内，有权要求公司清偿债务或者提供相应的担保。

公司减少注册资本，应当按照股东出资或者持有股份的比例相应减少出资额或者股份，法律另有规定、有限责任公司全体股东另有约定或者股份有限公司章程另有规定的除外。

《中华人民共和国公司法》第二百二十五条

公司依照本法第二百一十四条第二款的规定弥补亏损后，仍有亏损的，可以减少注册资本弥补亏损。减少注册资本弥补亏损的，公司不得向股东分配，也不得免除股东缴纳出资或者股款的义务。

依照前款规定减少注册资本的，不适用前条第二款的规定，但应当自股东会作出减少注册资本决议之日起三十日内在报纸上或者国家企业信用信息公示系统公告。

公司依照前两款的规定减少注册资本后，在法定公积金和任意公积金累计额达到公司注册资本百分之五十前，不得分配利润。

《中华人民共和国公司法》第二百二十六条

违反本法规定减少注册资本的，股东应当退还其收到的资金，减免股东出资的应当恢复原状；给公司造成损失的，股东及负有责任的董事、监事、高级管理人员应当承担赔偿责任。

为了避免公司减资造成不必要的麻烦，相关股东应当做好以下工作。

（1）股东会决议减资属于重大事项，如章程没有特殊约定，应当经代表三分之二以上表决权的股东决议通过；需要注意的是，股东会决议最好列明减少注册资本的总数额、各股东具体承担的减少注册资本的数额、各股东的退款方式、公司减资后公司注册资本及股份变动情况、减资后的股东及债权人利益的相关安排等事项。

（2）编制资产负债表和财产清单通常由董事会负责，董事会也可以聘请外部第三方专业机构办理。

（3）公司减资应当按照程序进行，例如公司减资应当自作出减资决议之日起十日内通知债权人，并于三十日内在报纸上公告。公司应尽最大努力通知债权人，股东为了避免对公司债务承担补充赔偿责任，应尽量扩大通知债权人的范围，将公司减资事宜通知全部已知债权人。

（4）及时进行变更登记，公司减少注册资本的，即公司注册资本发生变化的，应尝及时办理变更登记。

6.5　公司其他人员资金控制策略

6.5.1　公司高管伪造合同并截留资金该如何处理

一则新闻"燃爆"互联网：演员王某前经纪人宋某被抓，之后北京朝阳区警方证实了这一消息，宋某因涉嫌职务侵占罪被依法刑事拘留。这一消息迅速"引爆"网络，该案也因涉及王某与马某的离婚案而备受关注。

这则新闻的背后，是宋某作为公司高管伪造合同并截留资金的事件被暴露。公司缺乏对高管的监管，一旦出现这样的问题，很容易为公司带来难以想象的灾难。

董先生是一家工程机械公司的负责人，这几天遇到了一件事情：公司一名员工陈先生被外派到某地担任销售经理，陈先生可以根据客户的需求，直接从开票员处申请销售单，并凭借销售单提取工程车辆再送达用户处，待收取货款后再交回公司。

在公司一次例行客户回访时，风险部门发现了一件重要的事情：一台价值80万元的工程车辆的购买客户是陈先生伪造的，该客户并不存在。陈先生提取车辆后将车辆以60万元低价销售给方先生，陈先生收到款项后并未将货款交回公司。

风险部门联系陈先生询问情况，陈先生矢口否认，称车辆已经销售给客户，但客户并没有回款。之后，陈先生就更换了手机号码，失去联系。陈先生的这种行为是否构成犯罪？

这一案例中，陈先生涉嫌构成职务侵占罪。

这是因为，如果行为人意图将所截留的公司财物据为己有，从而改变财物的所有权状态，则直接侵害了公司财物的所有权，其行为构成职务侵占罪。

根据《中华人民共和国刑法》，职务侵占罪是指公司、企业或者其他单位的人员利用职务上的便利，将本单位财物非法占为己有，且数额较大的行为。职务侵占罪有表6.5-1所示的特点。

表6.5-1　职务侵占罪的特点

序号	特点
1	本罪的主体是公司的人员
2	本罪是利用职务的便利，侵占本公司财物的行为
3	本罪在主观方面是直接故意，且具有非法占有公司财物的目的
4	数额必须达到较大的程度

职务侵占是公司内部高发案件，涉及公司采购、生产、销售各个环节。构成职务侵占罪的核心点是犯罪嫌疑人以非法占有为目的，可以从外在客观行为判断，如行为人携款潜逃、直接明确表示不愿意归还挪用的财产等。

结合本案例，公司员工陈先生与公司之间存在着劳动关系，且陈先生享有销售经理的全部职权，截留公司的货款是其凭职权做出的，利用了职务上的便利，陈先生伪造了销售合同，将货物销售给第三人，给公司造成了实际损失，事发后又不愿意偿还所截留的货款，并携款潜逃，反映了其主观上非法占有所挪用财物的目的，已构成职务侵占罪。

▫ 关键知识链接 ------------------------------

《最高人民检察院、公安部关于公安机关管辖的刑事案件立案追诉标准的规定（二）》第七十六条

[职务侵占案（刑法第二百七十一条第一款）] 公司、企业或者其他单位的人员，利用职务上的便利，将本单位财物非法占为己有，数额在三万元以上的，应予立案追诉。

为了避免企业内出现职务侵占的情形，建议企业参考表 6.5-2 所示的措施。

表 6.5-2　避免企业内出现职务侵占的措施

序号	措施	具体内容
1	划分权限	对员工的权限应当进行划分，在充分支持员工开展工作的同时，也应当建立合理的风险管控机制，而不能放任不管，致使权力泛滥，最后不仅使公司出现重大损失，员工也将面临刑事处罚
2	加强法律知识学习和培训	加强法律知识学习和培训，如果员工的法律意识淡薄，会导致员工在公司运营过程中忽视法律的相关规定，给公司带来风险。要从根本上杜绝犯罪的发生，较有效的方式就是加强法律知识的学习和培训
3	公私分明	股东不可公私不分，很多公司的股东容易产生一个错误的认识，即公司是我辛辛苦苦建立的，我为公司的发展立下了汗马功劳，从公司中拿走一些资产是理所当然的。从法律上来说，随便侵占公司财产，擅自处置公司财产，均构成刑事犯罪

6.5.2　公司高管私自挪用资金该如何处理

相信很多人对雷士照明事件还有很深的印象。2016 年 12 月，雷士照明（中国）有限公司原法定代表人、董事长吴长江因挪用资金罪、职务侵占罪一审被判处有期徒刑 14 年。

吴长江挪用资金，并非为了个人挥霍，而是为了增加公司利润，所以这一案件在当年引起了广泛的关注。对于这种为增加公司利润而挪用资金的问题，该如何处理？

夏先生是一家服装公司的负责人，其公司在几个省份都有销售市场。前几天，公司委托一家会计师事务所对各地的业务进行了审计，审计过程中发现业务员钱先生有问题。

钱先生是公司驻某地的业务员，公司允许业务员直接向客户收取货款，货款收到后再统一交还给公司。这次审计发现钱先生负责的业务中，客户已经将120万元交付给钱先生，但钱先生没有及时上交公司。

夏先生立刻联系钱先生，询问该款项的问题。钱先生一开始推脱说客户又要回去了，等拿出客户的证词后，钱先生坦白，钱让他挪用了，他的女朋友在某网站上开了一家服装网店，需要运营资金，他就把客户的款项挪用了，想等到赚了钱之后就补上。没想到公司会进行审计，由于女朋友的网店并不景气，资金一时无法归还。

钱先生随后主动归还了30万元，但剩下的90万元一直以各种理由不予偿还。请问，钱先生的行为是否构成犯罪？

事实上，这种行为已经构成挪用资金罪。

挪用资金罪，是指公司的工作人员利用职务上的便利，挪用本公司资金归个人使用或者借贷给他人，数额较大、超过3个月未还的，或者虽未超过3个月，但数额较大、用于营利活动或者进行非法活动的行为。

挪用资金罪在主观方面只能出于故意，即行为人明知自己在挪用或借贷本公司资金，并且利用了职务上的便利，而仍故意为之。挪用本公司资金的行为有挪用本公司资金的违法、违纪行为和挪用本公司资金的营利、犯罪行为之分。

挪用资金罪的特点如表6.5-3所示。

表6.5-3　挪用资金罪的特点

序号	特点
1	犯罪主体为年满16周岁的特殊主体，主要是非国有公司的工作人员
2	犯罪主观方面必须是直接故意，即明知是本公司资金而挪用，一般准备后期返还
3	犯罪客体是本公司的资金，资金的形式既包括货币，也包括股票、有价证券等
4	犯罪的客观方面，表现为利用职务上的便利，擅自挪用公司的资金归个人或他人使用

实践中，挪用资金罪的犯罪主体多为公司的中高层管理人员，因为该类人员有职务上的便利，对公司的财务状况比较了解，而且具有一定的资金使用、调动的权力。

结合本案例，钱先生作为公司的业务员，其挪用资金的主观意图是很明确的，他在挪用时应该就意识到该笔资金只是暂时挪作网店使用，想着赚了钱后及时补还给公司，只是他没有想到公司会突然开展审计，并且店铺的生意并未达到心理预期，从而出现了想还还不上的情况。钱先生主观上想归还该款项，但客观上不能归还，不符合非法占有的定性，因此钱先生构成挪用资金罪更为合适。

▫ 关键知识链接 --

《中华人民共和国刑法》第二百七十二条

公司、企业或者其他单位的工作人员，利用职务上的便利，挪用本单位资金归个人使用或者借贷给他人，数额较大、超过三个月未还的，或者虽未超过三个月，但数额较大、进行营利活动的，或者进行非法活动的，处三年以下有期徒刑或者拘役；挪用本单位资金数额巨大的，处三年以上七年以下有期徒刑；数额特别巨大的，处七年以上有期徒刑。

国有公司、企业或者其他国有单位中从事公务的人员和国有公司、企业或者其他国有单位委派到非国有公司、企业以及其他单位从事公务的人员有前款行为的，依照本法第三百八十四条的规定定罪处罚。

有第一款行为，在提起诉讼前将挪用的资金退还的，可以从轻或者减轻处罚。其中，犯罪较轻的，可以减轻或免除处罚。

《最高人民检察院、公安部关于公安机关管辖的刑事案件立案追诉标准的规定（二）》第七十七条

[挪用资金案（刑法第二百七十二条第一款）]公司、企业或者其他单位的工作人员，利用职务上的便利，挪用本单位资金归个人使用或者借贷给他人，涉嫌下列情形之一的，应予立案追诉：

（一）挪用本单位资金数额在五万元以上，超过三个月未还的；

（二）挪用本单位资金数额在五万元以上，进行营利活动的；

（三）挪用本单位资金数额在三万元以上，进行非法活动的。

具有下列情形之一的，属于本条规定的"归个人使用"：

（一）将本单位资金供本人、亲友或者其他自然人使用的；

（二）以个人名义将本单位资金供其他单位使用的；

（三）个人决定以单位名义将本单位资金供其他单位使用，谋取个人利益的。

建议公司在管理过程中采取表6.5-4所示的措施避免挪用资金。

表6.5-4　避免挪用资金的措施

序号	措施	具体内容
1	提前预防	建立定期审计的核查机制，预防比后期禁止更有效
2	严格审批	资金管理审批制度，对资金的回流和出借达到一定额度的，必须由公司的财务负责人审批，以杜绝公司工作人员擅自挪用资金的可能
3	管控风险	管控印章风险，尤其需要特别管控的是财务专用章和法定代表人章，从源头上避免资金被挪用的风险

第 7 章

公司收购与担保控制策略

进入收购阶段后，公司如何行动，才能在完成收购的同时，保护各方股东的利益不受损失？同时又该如何做好担保，才能保障公司的最大利益？

7.1 如何挑选转让方，保障公司的最大利益

7.1.1 转让方选择的原则与方法

收购其他公司对公司自身的发展来说至关重要。很多时候，当有多个转让方可供选择时，公司必须遵循合理的原则与方法，找到最适合的收购对象。

赵先生与郭先生的公司经过多年努力，如今已经成为机械加工公司中的龙头公司。为了进一步拓展规模，他们决定对一些合作方进行收购。很快，四家公司进入了他们的视野。不过，以他们公司的实力，只能收购其中一家。哪一家最适合呢？又该如何评判呢？

公司收购，一般都是收购方看中了目标公司的市场、技术、资产等，或者是看中了目标公司的特殊资质等经营许可手续。所以，可以根据表 7.1-1 确认转让方的风险要素，并采取应对措施。

表 7.1-1 确认转让方的风险要素及应对措施

序号	风险要素	应对措施
1	排除股权本身风险	对于转让方持有的目标公司的股权，建议通过工商登记档案进行分析，确定股权不存在质押或者被查封等情况
2	股权是否出资到位	过去注册资本是认缴制，很多公司成立时并没有注资到位，如果完成收购，收购方还需要继续注资，应当提前规避该风险； 需要注意的是，大多数登记机关往往以"注册资本非经法定程序，不得增加或减少"为由，要求平价转让，否则不予办理变更。在这种情况下，建议在市场监督管理局备案的协议基础上达成补充协议，就注册资本继续入资的问题做进一步约定

续表

序号	风险要素	应对措施
3	重大债权债务风险	这是收购风险中较大的风险，在收购之前，虽然会由第三方审计公司对目标公司财务进行审计，但对目标公司对外担保情况、应收账款诉讼时效、是否受环保监控、知识产权侵权等都应给予特别关注，比较通行的做法是要求转让方对未披露的债权债务承担连带责任
4	诉讼、行政处罚风险	诉讼或者行政处罚会对公司形成巨大的负面影响，尤其是一旦进入失信黑名单，会对公司的市场和价值产生摧毁性影响，应当予以充分调查和了解
5	劳动用工风险	重点看转让方是否有违反劳动用工要求的地方，如果劳动用工不规范，很可能会引发批量的诉讼或行政处罚
6	隐名股东风险	很多公司登记备案的可能只是显名股东，需要关注显名股东与隐名股东之间的协议，避免股权转让后，隐名股东再与显名股东形成合同纠纷

7.1.2 小股东如何维护自身的权益

公司进行收购，势必会对公司股权架构产生一定的影响。对小股东而言，该如何保护自身的权益呢？

赵先生与郭先生、窦先生合伙经营一家互联网公司，几年时间就做到了当地互联网公司前三名。随着规模的快速扩大，公司开始准备收购几家小公司。赵先生持有的公司股份不过10%，郭先生表示：收购结束后，赵先生持有的股份将进一步缩小，甚至不排除将赵先生的股份全部稀释，让其退出股东层的可能。赵先生对此很不满，但他想知道：自己身为小股东，可否对此选择拒绝？

针对这一案例，郭先生提出的做法是不合理的。

这是因为，这一提议违背了其他股东的股份出让自由权、表决权，以及董事会和经营层的诚信义务。

公司在收购过程中，无论股东占股多少，其股东知情权（以信息披露制度为保障）、公平交易权、股份买取请求权、股份出让自由权、表决权（包括反收购措施的决策参与权）以及相应的诉权（含直接诉权与股东代表诉讼提起权）都应得到有效保护。

结合本案例，如果郭先生胁迫赵先生退出股东层，属于违反法律、行政法规或者公司章程的规定，损害了股东利益，赵先生可以向人民法院提起诉讼。

□ 关键知识链接 ··

《中华人民共和国公司法》第二十一条

公司股东应当遵守法律、行政法规和公司章程，依法行使股东权利，不得滥用股东权利损害公司或者其他股东的利益。

公司股东滥用股东权利给公司或者其他股东造成损失的，应当承担赔偿责任。

《中华人民共和国公司法》第一百九十条

董事、高级管理人员违反法律、行政法规或者公司章程的规定，损害股东利益的，股东可以向人民法院提起诉讼。

在公司收购过程中，作为控制权出售方的控制股东、作为控制权买方的未来控制股东、作为控制权载体的公司高管之间存在利益冲突和利益博弈，各方很有可能滥用各自的优势地位损害小股东的利益。所以，小股东必须维护自己的权益。

7.2 公司担保控制策略

7.2.1 公司在什么情况下可以做担保

公司担保是一个常见的市场行为，但这不等于公司可以随意担保。那么，在哪些情况下，公司才能进行担保呢？

　　林先生与郑先生、马先生共同成立了一家化工公司，林先生任公司法定代表人与主要负责人。有一天，林先生的大学同学刘先生来找他。刘先生同样在经营一家公司，为了筹集贷款需要一家公司做担保，因此，他希望林先生可以帮助自己。

　　林先生与刘先生的关系非常好，他也愿意提供担保。在他看来，自己是公司的法定代表人与主要负责人，所以应该可以为朋友提供担保。他的这种想法是否可行？

　　事实上，林先生不得私自对刘先生的公司进行担保。

　　这是因为，如果公司为其他人提供担保，必须召开董事会、股东会会议，决议通过后方可进行。

　　公司是否可以从事对外担保行为，法律不做明确禁止。但是为了保护其他股东的利益，法律从决策权的角度对公司的担保能力做出了一定限制，采用了股东会中心主义。这样规定的主要理由在于公司对外担保尽管也属于经营行为，但属于非常规性经营行为，对此法律规定该行为并不必然由公司经营层决策。公司一旦承担担保责任，则必然会对公司特别是股东利益产生直接的影响。

　　结合本案例，林先生如果想要为刘先生的公司进行担保，必须召开股东会会议，过半数股东通过后方可进行。

7.2.2　担保方公司违约该如何处理

　　公司之间进行资金拆借，这在市场经济中是很常见的现象，同时法律对这类借款持开放态度。

　　不过借款到期后，债权人公司要求债务人公司偿还借款时，经常会遇到债务人公司出现还款困难等情况。面对这种情况，债务人公司一般都会向债权人公司申请延期还款。由于两家公司之间具有合作关系，债权人公司一般都会同意。但债权人公司往往会忽略一个问题——忘记通知担保人公司。有些担保人公司会提出自己并不同意延期还款，面对这种情况，该如何处理？

赵先生是甲广告公司（以下简称甲公司）的法定代表人，主要从事市政建设的广告项目。公司由于经营比较稳健，所以效益良好。

在一次老乡会上，赵先生认识了来自同一个地区的方先生，方先生是乙置业公司（以下简称乙公司）的法定代表人，之后由于有共同的爱好，他们经常一起聚餐。

方先生在一次聚会时，向赵先生提出想从甲公司借200万元资金用来周转。见赵先生有些犹豫，方先生进一步表示：可以支付高利息作为回报。赵先生没有直接回复，表示需要回公司跟其他股东商量一下，方先生同意。

赵先生随即召开甲公司的股东会会议，股东会通过了对乙公司投资的股东会决议，但期间有个股东提出现在房地产项目市场调控很严格，借款很可能有风险，建议让乙公司提供担保人。

赵先生认为这个建议非常好，便联系了方先生，告诉了他公司的整体意见，方先生满口答应，并找了丙建筑公司（以下简称丙公司）做担保，担保期限三年。

甲公司与乙公司签订借款合同，约定甲公司借给乙公司200万元，一年后归还。之后甲公司履行了付款业务。到了还款截止日，乙公司由于资金困难，无法按时还款，赵先生找到方先生，方先生代表乙公司与甲公司进行了和解，乙公司与甲公司达成延期还款协议，协议约定还款延期一年。

一年后，乙公司依然无法按期还款，赵先生联系方先生，方先生这时开始以各种理由推辞，最后干脆不再接电话。赵先生连忙联系丙公司要求其承担保证责任，丙公司却拿着延期还款协议，说延长还款时间的事情没有通知他，在这种情况下，丙公司不应当承担责任。

赵先生产生了疑惑：没有取得担保人的同意，债权人和主债务人约定延期还款，担保人是否应继续承担责任？

答案是，丙公司仍应当承担担保责任。

这是因为，丙公司签订了担保合同，担保人和债权人约定了明确的权利义务，当债务人不履行债务时，由担保人代为履行或承担连带责任，同时担保合同仍在保证期间，并没有超期。

所谓保证期间，是指保证合同当事人约定的或依法律推定的，在主债务履行期届满后，保证人能够容许债权人主张权利的最长期限。

在保证期间内，债权人应当向债务人提起诉讼或仲裁（在一般保证中）或向保证人主张权利（在连带保证中）。逾此期限，债权人未提起上述主张的，保证人则不承担保证责任。

保证期间的特点如表 7.2-1 所示。

表 7.2-1　保证期间的特点

项目	特点
保证期间	债权人和保证人可以在保证合同中自行约定保证期间
	如果没有约定，一般保证的保证期间为主债务履行期届满之日起六个月
	如果合同中约定的保证期间短于或等于主债务履行期限，视为没有约定，保证期间为主债务履行期届满之日起六个月
	保证合同约定保证人承担保证责任直至主债务本息还清时为止等类似内容的，视为约定不明，保证期间为主债务履行期限届满之日起六个月

正常情况下，保证人是根据主合同的主要条款来考虑是否提供担保的，因此债权人与主债务人协商对主合同主体内容进行变更的，应当经过保证人的同意，如果保证人不同意，对变更部分，保证人不承担保证责任。

但并不是主合同内容的任何变化，只要没有经过保证人同意，保证人一律不承担责任。主合同的变化内容主要有四种：第一，数量的变化；第二，价款的变化；第三，币种的变化；第四，利率的变化。对于这些变化，还要结合变化内容来看，如果未加重保证人的责任，保证人仍应当对变更后的合同承担保证责任。

结合本案例，甲公司与乙公司之间签订了借款合同，丙公司提供担保，属于各方的真实意思表示，受法律保护。甲公司在乙公司欠款到期后，与乙公司达成延期还款协议，就把还款期限做了延长，这一变化虽然没有经过丙公司的同意，但这种还款期限的延长并不属于数量、价款等的变化，也没有加重保证人丙公司的保证责任，丙公司仍应在保证期间内承担保证责任。

▫ 关键知识链接 ------------------------------------

《最高人民法院关于适用〈中华人民共和国民法典〉有关担保制度的解释》第八条

有下列情形之一，公司以其未依照公司法关于公司对外担保的规定作出决议为由主张不承担担保责任的，人民法院不予支持：

（一）金融机构开立保函或者担保公司提供担保；

（二）公司为其全资子公司开展经营活动提供担保；

（三）担保合同系由单独或者共同持有公司三分之二以上对担保事项有表决权的股东签字同意。

上市公司对外提供担保，不适用前款第二项、第三项的规定。

《中华人民共和国民法典》第六百八十六条

保证的方式包括一般保证和连带责任保证。

当事人在保证合同中对保证方式没有约定或者约定不明确的，按照一般保证承担保证责任。

《中华人民共和国民法典》第六百九十二条

保证期间是确定保证人承担保证责任的期间，不发生中止、中断和延长。

债权人与保证人可以约定保证期间，但是约定的保证期间早于主债务履行期限或者与主债务履行期限同时届满的，视为没有约定；没有约定或者约定不明确的，保证期间为主债务履行期限届满之日起六个月。

债权人与债务人对主债务履行期限没有约定或者约定不明确的，保证期间自债权人请求债务人履行债务的宽限期届满之日起计算。

由于保证人的身份比较特殊，在主债务人履行能力不足时，保证人需要承担相应的法律责任，很多保证人对承担保证责任是排斥和抗拒的。因此，债权人为了顺利追回欠款，在合同履行时，建议做到以下两点。

（1）按照合同约定来履行。

（2）如果要变更合同主体内容，取得保证人的同意。

7.3　股权收购与投资的相关条款与合同

7.3.1　先决条件条款

所谓先决条件，是指只有当其成就后，收购合同才能生效的特定条件。设立先决条件有几点需要特别注意：哪一方当事人有责任促使该条件的成就，该条件成就与否如何进行评断，如果放弃先决条件会造成怎样的后果。可以说，先决条件条款是收购合同能够实际履行的前提。

通常来说，先决条件条款包括如下内容。

（1）相关投资协议已经签署，同时法律文件确认无误。

（2）标的公司已经获得了股东会、董事会等内部必要机构的确认，同时第三方和当地政府也已经批准。全体股东必须获知这次投资，协议中对每一名股东的权利义务进行详细说明，且大家都没有异议，同意相应的规定。

（3）投资方已经完成关于标的公司业务、财务及法律的尽职调查，保证这次交易不违背法律规定，同时符合行业管理规范，并满足了被投资方的合理要求。如果发现问题，有妥善合理的解决方案。

7.3.2　承诺与保证条款

所谓承诺与保证条款，是指针对在投资协议签署之日至投资完成之日（过渡期）可能发生的妨碍交易或有损投资方利益的情形，已经在协议中进行说明，并由标的公司和原股东做出承诺与保证的条款。

承诺与保证条款主要由以下部分组成。

（1）标的公司及原股东为依法成立且有效存续的公司法人和拥有合法身份的自然人，具有完全的民事权利能力和行为能力。同时，如果开展的业务需要进行批准和许可，那么已拿到了相应的批准和许可后。

（2）各方签署、履行的投资协议符合法律规定，同时满足行业准则需求。相应内容不违背公司章程，不违反标的公司签订的法律文件。

（3）对于本次交易的相关信息和资料，标的公司及原股东对投资方进行了完整、详细、及时的通报，且没有重大遗漏和虚构。原股东承担投资交割前未披露的或有税收、负债或者其他债务。

（4）投资协议中所做的声明、保证及承诺在投资协议签订之日及以后均真实、准确、完整。

7.3.3　交易标的和支付条款

交易标的和支付条款，是对交易结构进行的约定。所谓交易结构，是指投融资双方确认以何种方式达成交易，包括投资的价格、方式以及交割时的各种安排。

投资方式还包括标的公司将会新增多少注册资本、原股东如何持有公司股权等。某些时候，原股东也会向标的公司提供借款等。投资方式的类型有很多。此外，一旦投资方式得以确认，投资协议中应体现双方的投资或转让股权的价格、数量以及占比等。投资公司以哪种方式进行支付，同时办理股权登记或交割的程序（如工商登记等）、期限、责任等内容。

有一点非常重要：交易条款中，必须明确交易标的物，相关内容必须足够精准、清晰，包含标的物的资产组成、数量、位置、使用年限等。如果涉及国有股份，标的物为国有资本，那么还应当详细说明股权的基本情况。

支付条款同样十分重要，不仅包括价格、支付期限，还应涉及股权分配和资产转移方式等。其中，价格部分涉及作价依据、价款计算方法、价款总额等。而股权分配和资产转移内容，应明确标的物的转移方式，如先决条件、转移执行方式、期限等。

7.3.4　过渡期间损益归属以及未分配利润处理条款

公司收购期间会存在一定时间的过渡期。所谓过渡期，是指收购合同签署之日至股权或资产转移之日的期间，这段时间收购成败尚处于不确定状态，收购当事人在此期间同样需要履行约定义务，保证收购的各项条件逐一达成。

过渡期比较重要的事项就是收购方对重要事件的知情权、资产保护、运营等问题进行明确的约定，约定的其他内容还包括人员管理和紧急事件的处置权。如下这些内容，是必须做好的。

（1）过渡期间，原股东不得转让其所持有的标的公司股权，或在其上设置质押等权利负担。

（2）过渡期间，标的公司需要进行封账，不得进行利润分配，杜绝利用资本公积转增股本；标的公司的任何资产均不能设立抵押、质押、留置、司法冻结或其他权利负担。

（3）标的公司在过渡期间需要明确：未以任何方式直接或间接地处置其主要资产，在正常经营之外没有发生任何的重大债务事件，同时，公司的财务情况没有出现明显波动，尤其是重大不利的变化。

7.3.5　治理结构条款

治理结构条款是指对股权结构进行的约定。设置这个条款是为了规范和约束公司原股东的行为。治理结构条款包括董事、高级管理人员的提名权，股东会、董事会的权限和议事规则，分配红利的方式等。治理结构条款的设定能够有效保护投资方的知情权，进而禁止同业竞争，限制关联交易。

治理结构条款中，如下内容是重点。

1. 一票否决权条款

多数情况下，投资方都会委派一名或多名员工进入公司董事会，担任公司的董事，有时还会特别委派财务总监进驻，以此对公司进行更有力的管理。这些董事往往具有一票否决权，对大额资金的使用和分配、公司股权或组织架构变动等重大事项进行管理，以此保障投资资金的合理利用，并规范公司合理、健康地运行。

2. 优先分红权条款

《中华人民共和国公司法》规定，股东之间可以约定不按持股比例分配红利。所以，治理结构条款中会约定投资方的分红比例高于其持股比例，这是对投资方利益的保护。相关规定将会完整地写在公司章程之中。

◻ 关键知识链接 --

《中华人民共和国公司法》第二百一十条

公司分配当年税后利润时，应当提取利润的百分之十列入公司法定公积金。公司法定公积金累计额为公司注册资本的百分之五十以上的，可以不再提取。

公司的法定公积金不足以弥补以前年度亏损的，在依照前款规定提取法定公积金之前，应当先用当年利润弥补亏损。

公司从税后利润中提取法定公积金后，经股东会决议，还可以从税后利润中提取任意公积金。

公司弥补亏损和提取公积金后所余税后利润，有限责任公司按照股东实缴的出资比例分配利润，全体股东约定不按照出资比例分配利润的除外；股份有限公司按照股东所持有的股份比例分配利润，公司章程另有规定的除外。

公司持有的本公司股份不得分配利润。

3. 信息披露条款

为了保护公司内中小股东的权益，多数情况下，投资协议中会约定重要信息的披露条款，以保证中小股东的股东知情权。例如，定期向投资方提供财务报表或审计报告、重大事项及时通知投资方等，这些都应写入协议之中。

7.3.6　反稀释条款

反稀释条款也称反股权摊薄协议。这一条款多见于私募领域，是优先股协议中的常见条款。反稀释条款的核心在于：标的公司进行后续融资或定向增发时，为了避免自身的股份被稀释导致贬值，私募投资人采取相应手段维护自身的利益。

反稀释条款，主要包括以下内容。

1. 优先认购权

投资协议签署后直至公司正式上市之前，为了吸引新投资者，标的公司通常都会增加注册资本，以此提升自身的影响力。这时，小股东可以要求召开股东会会议，要求通知本轮投资方，并对具体增发股权的数量、价格以及拟认购方做出明确说明。投资方可以按照标的公司的持股比例，以同等条件进行优先认购，以保证自己的股权不被稀释。

2. 最低价条款

投资协议签署后至标的公司上市或挂牌之前，如果标的公司准备以低价进行新一轮的融资，那么本轮投资方可以要求控股股东无偿向其转让公司部分股权，或者要求控股股东向投资方支付现金，通过股权补偿或现金补偿的方式让本轮投资方的投资价格降至新的低价格区间。

7.3.7　估值调整条款

估值调整条款又称对赌条款。这一条款的核心是：标的公司控股股东向投资方承诺，如果未能实现约定的目标，例如利润、主营业务收入未能达到预期，或是出现上市失败、被并购等情形，以及出现重大违约等现象导致估值严重缩水，投资方有权对约定的投资价格进行调整或提前退出。

估值调整条款包括如下内容。

1. 现金补偿或股权补偿

如果标的公司的实际经营指标低于双方确认的承诺指标，那么标的公司股东应向投资方直接进行现金补偿。通常来说，确认补偿的金额的公式为：

（1 − 年度实际经营指标 ÷ 年度承诺经营指标）× 投资方的实际投资金额 − 投资方持有股权期间已获得的现金分红和现金补偿

或者，股东可以以等额的股权向投资方进行股权补偿。当然，这一方式会导致标的公司的股权结构产生变化，在上市审核中会被监管机关认为存在一定问题，所以，通常都以现金补偿方式进行。

2. 回购请求权

如果在约定的期限内，标的公司的业绩达不到约定的要求，投资方可以将持有的股份售出，并要求标的公司控股股东或其他股东进行收购。同时，也可以约定溢价，以此抵销自身的资金成本。不过，股份回购较为复杂，一旦签署股份回购协议，在触发回购义务时将涉及减少标的公司的注册资本，所以通常情况下并不建议采用这种方式。

7.3.8　优先清算条款

核对优先清算条款的介绍：如果标的公司因为经营不善，进入破产清算流程，这时投资方可以要求使用清算优先权，以降低自身的风险。有一点需要特别注意：我国现行法律不允许股东超出出资比例分取清算剩余财产。

经营亏损最终破产清算，投资方未能及时退出，可以通过此条款减少损失。

　　□ 关键知识链接 --

《中华人民共和国公司法》第二百三十六条

清算组在清理公司财产、编制资产负债表和财产清单后，应当制订清算方案，并报股东会或者人民法院确认。

公司财产在分别支付清算费用、职工的工资、社会保险费用和法定补偿金，缴纳所欠税款，清偿公司债务后的剩余财产，有限责任公司按照股东的出资比例分配，股份有限公司按照股东持有的股份比例分配。

清算期间，公司存续，但不得开展与清算无关的经营活动。公司财产在未依照前款规定清偿前，不得分配给股东。

尽管《中华人民共和国公司法》作出了这样的规定，但是股东之间也可以进行约定，以实现补偿。例如，标的公司在清算时依法支付相关费用、清偿债务、按出资比例向股东分配剩余财产后，如果投资方分得的财产低于实际投资金额，那么控股股东应无条件补齐差额。

7.3.9 出售权条款

当标的公司出现明显失误或丧失投资价值时，投资方应当懂得适时退出。为了能顺利退出，投资方应当提前设定出售权条款，以保护自身的权益。出售权条款主要包括以下内容。

1. 随售权 / 共同出售权条款

如果标的公司控股股东想要将自身的股权全部或部分出让给第三方，那么投资方有权进行优先出让。同等条件下，优先于控股股东或者按与控股股东之间的持股比例，投资方可以将自身持有的相应股权出让给想要购买股权的第三方。

2. 拖售权 / 强制出售权条款

如果在约定的期限内，标的公司的业绩达不到约定的要求或不能实现上市、挂牌或被并购目标，那么投资方有权要求标的公司的股东按照与投资方和第三方达成的条件，进行强制性股权转让。这种条款也被视作一种对赌条款。

第8章

公司上市的相关内容

　　随着公司的不断发展，公司终于到了上市阶段。上市意味着公司资金将大大增加，品牌影响力将极大增强。但是在兴奋之余，我们也要分析：公司该如何上市？该选择哪个板块上市？何时上市，才能让公司的利润最大化？

8.1 股权改造与合法合规结构

8.1.1 什么是企业上市

上市，是很多企业追求的目标。企业上市就是企业通过证券交易所首次公开向投资者增发股票，以期募集用于企业发展的资金的过程。

用通俗的话说，企业上市就是将企业的所有权分成若干小份，然后通过法律规范的流程，让其进入市场流通的过程。机构或个人投资者如果看好企业的行业或者前景，就可买入企业的股票，为企业带来资金的同时，成为企业的股东。

一般来说，企业如果可以上市，那么多数企业都会毫不犹豫地选择上市。因为上市是解决资金问题的较好的手段。毕竟，通过银行贷款获得的金额有限，加之银行可能会因为资金紧张不批贷款，没有资金的注入，企业可能会走向破产。通过债务方式融资尽管容易获得资金，但是企业也会出现债务到期时资金紧张的情况，这时候无论多优秀的企业，都可能面临灭顶之灾。所以，企业上市是解决发展问题的较佳方法：出让一部分股权换取资金，将其用于企业发展。这部分资金会成为企业的资产，并且不需要清偿，可以用在企业长期业务的发展之上。

由此可见，对多数企业而言，企业上市会大大提升企业的经营活力。这种直接融资属于长期借款，资金量大且没有固定的还款期限。所以，多数企业都将上市作为发展的终极目标。

8.1.2 企业上市的条件与流程

上市很美好，但这并不等于任何一家企业都能够实现企业上市的目标。企业上市有着非常严格的条件与流程，企业必须严格遵循。

1. 上市条件

企业上市的条件，证券法中有如下规定。

（1）股票经国务院证券监督管理机构核准已向社会公开发行。

（2）企业股本总额不少于人民币3000万元。

（3）开业时间在三年以上，最近三年连续盈利；原国有企业依法改建而设立的，或者本法实施后新组建成立，其主要发起人为国有大中型企业的，可连续计算。

（4）持有股票面值达人民币1000元以上的股东人数不少于1000人，向社会公开发行的股份达企业股份总数的25%以上；企业股本总额超过人民币4亿元的，其向社会公开发行股份的比例为10%。

（5）企业在最近三年内无重大违法行为，财务会计报告无虚假记载。

2. 上市流程

企业公开发行股票并上市一般要经过八个阶段，如图8-1所示。

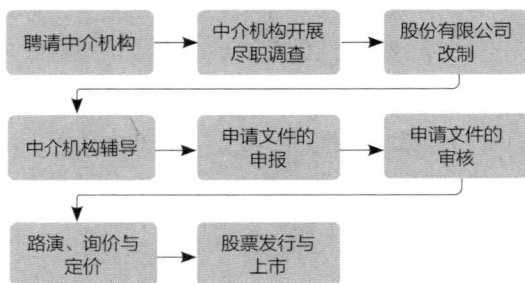

图8-1 企业公开发行股票并上市需要经历的阶段

企业上市涉及非常多的内容，所以，企业应当聘请专业的机构进行指导与分析，并进行相关改造，这样才能顺利达到上市的目的。

8.1.3　企业上市改造的程序

企业上市，意味着股权结构将出现明显变化。企业必须根据法规规定的原则进行改造，这样才能顺利通过审核。具体来说，新设立股份有限公司与变更设立股份有限公司有不同的程序。

1. 新设立股份有限公司的主要程序。

（1）主发起人拟订设立股份有限公司方案，确定设立方式、发起人数量、注册资本和股本规模、业务范围、邀请发起人等。

（2）对拟出资资产进行审计、评估。

（3）签订发起人协议书，明确发起人各自在公司设立过程中的权利和义务。

（4）发起人制定公司章程。

（5）由全体发起人指定代表或共同委托的代理人向企业登记机关申请名称预先核准。

（6）涉及国有股权的企业需取得国资部门国有股权设置的批复意见，涉及外商投资的企业需取得商务部门的批复意见，企业经营范围中属于法律、行政法规或者国务院规定在登记前须经批准的项目的，要履行相关报批手续。

（7）发起人按公司章程缴纳出资，并依法办理以非货币性财产出资的财产权的转移手续。

（8）会计师事务所验资并出具验资报告。

（9）召开创立大会，选举董事会成员。

（10）办理工商注册登记手续。

2. 变更设立股份有限公司的主要程序

（1）有限责任公司股东会做出同意变更企业组织形式的决议。

（2）对拟出资资产进行评估或审计。

（3）有限责任公司的股东签订股东协议书约定设立股份有限公司的有关事项及股东的权利义务等。

（4）发起人制定公司章程。

（5）由全体发起人指定代表或共同委托的代理人向企业登记机关申请名称预先核准。

（6）涉及国有股权的企业需取得国资部门国有股权设置的批复意见，涉及外商投资的企业需取得商务部门的批复意见，企业经营范围中属于法律、行政法规或者国务院决定规定在登记前须经批准的项目的，履行相关报批手续。

（7）发起人按公司章程规定缴纳出资，并依法办理以非货币性财产出资的财产权的转移手续。

（8）会计师事务所验资并出具验资报告。

（9）召开创立大会，选举董事会成员。

（10）办理工商注册登记手续。

8.1.4　如何让企业具备合法合规的股权结构

对于拟上市的企业，其还要进行合法合规的股权结构调整。一方面是为了符合国家法律法规的规定；另一方面是为了保障原始股东的权益。只有设置了合法且合理的股权结构，企业才能既把握主动权，才能为企业的发展筹集需要的资金。

一个合法且合理的股权结构应包括以下四大部分。

（1）大股东及其家族持股。通常来说，这一比例不会低于35%，这样才能实现控制权的稳定，避免内部出现股权之争。

（2）战略投资者持股。这一比例多为 10%~15%。引进战略投资者是为了缓解企业资金难题，让企业的资本运作能力得到明显提升。

（3）高管团队持股。在首次公开募股（IPO）阶段，证券监督管理委员会（简称证监会）和投资机构都会关注高管团队的稳定性。通常来说，高管团队的持股比例为 10% 左右。需要特别注意的是：如果小股东人数超过 30 人，那么应当建立持股平台，对股权进行统一管理，以此降低股权的不稳定性与复杂性。

（4）公众股。证券法规定：股票小于 4 亿股的拟上市公司应发行不低于 25% 的公众股。

8.2　时机选择：如何让企业获得更高市盈率

上市绝不是越快越好。上市后，通常来说企业的股票价格会以高于 15 倍的市盈率交易。选择合适的时机让市盈率尽可能提高，这才是原则。

所以，最好的上市时机是在企业进入成熟期的时候。这个阶段，企业有一个明显的特点：增速开始适当放缓，而不是单纯的高速增长，这意味着企业开始趋于稳定。

正式上市之前，企业还可以进行私募股权融资。其目的在于帮助企业获得需要的资本，以优化战略、扩大规模，私募股权融资是进行 IPO 之前的重要准备。只有带着充足的资本进入市场，企业在上市时才能以更高的价格出售股份，以融到更多的资金，用于企业发展。所以，寻找一家优秀的私募基金，对企业上市来说至关重要。通常情况下，进行了私募股权融资的企业在上市时的股价要远远高于没有私募股权融资情况下的股价。所以，选择经验丰富、行业对口的私募基金，会大大提高企业的市盈率。

8.3 板块选择：根据企业实际情况选择"合身板"

拟在A股IPO的发行人有三个板块可供选择：上海证券交易所主板、深圳证券交易所（简称深交所）中小板和深交所创业板。哪个板块最适合企业？这需要根据实际情况，同时结合三个板块的不同特点进行确认。选择哪一个板块，由企业根据发行条件和自身的实际情况确定。

□ 关键知识链接 ---

《发行监管问答——首发企业上市地选择和申报时间把握等》规定：首发企业可以根据自身意愿，在沪深市场之间自主选择上市地，不与企业公开发行股数多少挂钩。中国证监会审核部门将按照沪深交易所均衡的原则开展首发审核工作。企业应当在预先披露材料时确定上市地，并在招股书等申报文件中披露。

企业选择上市板块应考虑以下因素。

1. 主营业务对选择上市板块的影响

创业板市场的服务目标是处于成长期、创业期，科技含量比较高的中小企业。所以，如果企业的主营方向为新能源、新材料、生物医药、电子信息、环保节能、现代服务等领域，那么创业板较为合适。同时，技术模式创新较强的企业，也适合在创业板上市。

2. 财务指标对选择上市板块的影响

主板比较注重企业的规模，并有着以下明确的规定。

（1）最近三个会计年度净利润均为正数且累计超过人民币

3000万元。

（2）最近三个会计年度经营活动产生的现金流量净额累计超过人民币5000万元或者最近三个会计年度营业收入累计超过人民币3亿元。

（3）最近一期不存在未弥补亏损。

这三个标准必须同时满足。

创业板更强调企业的成长性和持续盈利能力，规定如下。

（1）最近两年连续盈利，最近两年净利润累计不少于5000万元，且持续增长。

（2）最近一年盈利，且预计市值不低于10亿元，最近一年营业收入不少于1亿元，最近两年营业收入增长率均不低于30%。

（3）最近一年营业收入不低于3亿元，且预计市值不低于50亿元。

这三个标准满足其一即可。

3. 募资安排对选择上市板块的影响

通常来说，主板的募集资金应当用于主营业务，不过在具体使用上较为灵活；而创业板严格规定了资金的使用规范，资金不得用于其他领域，必须用于主营业务。所以，如果企业想要对募集资金进行更加灵活地使用，那么应侧重于选择主板；而对于迫切渴望将资金用于主营业务的企业，创业板则是较好的选择。

8.4 股权转让：上市后股权如何流动

上市公司与非上市公司的区别主要在于：上市公司可以在证券交易所发行股票，而非上市公司则不可以开展相关活动。为了保障所有股东的权益，上市公司的财务信息必须按照要求进行披露。所以，对于股权流通，法律法规也做出了相应规定，具体如下。

1. 上市公司股权转让的限制

《中华人民共和国公司法》中对于股权转让有如下明确限制。

（1）发起人持有的本公司股份，自公司成立之日起一年内不得转让；因司法强制执行、继承、遗赠、依法分割财产等导致股份变动的除外。

（2）公司公开发行股份前已发行的股份，自公司股票在证券交易所上市交易之日起一年内不得转让；因司法强制执行、继承、遗赠、依法分割财产等导致股份变动的除外。

（3）董事、高级管理人员：

①董事、高级管理人员所持本公司股份，自公司股票上市交易之日起一年内不得转让。

②董事、高级管理人员在任职期间每年转让的股份不得超过其所持有的本公司股份总数的25%。

③董事、高级管理人员离职后六个月内，不得转让其持有的本公司股份。

2. 上市公司股权转让流程

对于上市公司的股权转让流程，《中华人民共和国公司法》及《中华人民共和国证券法》进行了如下规定。

（1）召开公司股东会会议，研究股权出售和收购股权的可行性，分析出售和收购股权的目的是否符合公司的战略发展，并对收购方的经济实力和经营能力进行分析，严格按照规定程序进行操作。

（2）出让和受让双方进行实质性的协商和谈判。

（3）出让方（国有企业、集体企业）向上级主管部门提出股权转让申请，并经上级主管部门批准。

（4）评估、验资。出让的股权属于国有企业或国有独资有限公司的，需到国有资产监督管理办公室进行立项、确认，再到资产评估事务所进行评估。其他类型的公司可直接到会计师事务所对变更后的资本进行验资。

（5）出让方召开职工大会或股东会会议。集体性质的公司需召开职工大会或职工代表大会（简称职代会），按工会法条例形成职代会决议。有限公司需召开股东（部分）会议，并形成股东会决议。

（6）股权变动的公司需召开股东会会议，并形成股东会决议。

（7）出让方和受让方签订股权转让合同。

（8）由产权交易中心审理合同及附件，公司办理交割手续。

（9）到各有关部门办理变更登记手续。

第 9 章

公司破产清算控制策略

　　注册一家公司很容易，关闭一家公司却很难。想要完成公司破产清算，并不是股东之间的一句话就能决定的，而是要按照法律法规的规定进行，这样才能保证债务明晰，无后顾之忧。

9.1 公司破产清算流程

公司进入破产清算，需要遵循《中华人民共和国公司法》和《中华人民共和国企业破产法》及相关法律法规规定的流程，否则将无法完成破产清算。

公司破产清算的流程如下。

（1）公司面临破产，股东会做出解散公司的决议。（《中华人民共和国公司法》第二百二十九条）

（2）在解散事由出现之日起十五日之内成立清算组，开始进行清算。有限责任公司的清算组由股东或清算公司组成，并行使如下权利：（《中华人民共和国公司法》第二百三十四条）

①清理公司财产，分别编制资产负债表和财产清单；

②通知、公告债权人；

③处理与清算有关的公司未了结的业务；

④清缴所欠税款以及清算过程中产生的税款；

⑤清理债务、债权；

⑥处理公司清偿债务后的剩余财产；

⑦代表公司参与民事诉讼活动。

（3）清算组在成立之日起十日之内通知债权人，并且在六十日内在报纸上或者国家企业信用信息公示系统公告。债权人应当自接到通知之日起三十日内，未接到通知的自公告之日起四十五日内，向清算组申报其债权。（《中华人民共和国公司法》第二百三十五条）

（4）债权人申报债权，应当说明债权的有关事项，并提供证明材料。清算组应当对债权进行登记。在申报债权期间，清算组不得对债权人进行清偿。（《中华人民共和国公司法》第二百三十五条）

（5）清算组在清理公司财产、编制资产负债表和财产清单后，应当制订清算方案，并报股东会或者人民法院确认。（《中华人民共和国公司法》第二百三十六条）

（6）公司财产在分别支付清算费用、职工的工资、社会保险费用和法定补偿金，清缴所欠税款、清偿公司债务后的剩余财产，有限责任公司按股东的出资比例分配。清算期间，公司存续，但是不得开展与清算无关的任何经营活动。公司财产在未依照前款规定清偿前，不得分配给股东。（《中华人民共和国公司法》第二百三十六条）

（7）清算组在清理公司财产、编制资产负债表和财产清单后发现财产不足以清偿债务的，应当依法向人民法院申请破产清算。（《中华人民共和国公司法》第二百三十七条）

（8）人民法院受理破产申请后，清算组应当将清算事务移交给人民法院指定的破产管理人。（《中华人民共和国公司法》第二百三十七条）

（9）公司清算结束后，清算组应当制作清算报告，报股东会或者人民法院确认，并报送公司登记机关，申请注销公司登记，公告公司终止。（《中华人民共和国公司法》第二百三十九条）

与此同时，公司还应进行破产债务偿还。应偿还的债务如下。

（1）破产人所欠职工的工资和医疗、伤残补助、抚恤金，所欠的应当划入职工个人账户的基本养老保险、基本医疗保险费用，以及法律、行政法规规定应当支付给职工的补偿金。（《中华人民共和国企业破产法》第四十八条）

（2）破产人欠缴社会保险费用和破产人所欠税款。

9.2　公司破产清算时依然签订合同，股东如何承担责任

随着中国市场经济的发展，不断有新的公司涌入市场。但与此同时，也有很多公司因为经营不善，进入破产清算。而部分公司的管理层企图利用公司的独立性，通过"植物人逃债法"达到自己逃债的目的，故意不进行年检，导致公司营业执照被吊销，在此情况下，公司仍然对外签订合同，严重侵害了债权人和相关利益方的利益，严重扰乱了市场秩序。对于公司股东这种恶意逃债的行为，该如何处理？

李先生是一家工程机械公司的负责人，日前卖给某建筑公司挖掘机两台，货款为160万元。该建筑公司付了20万元首付后，就不再支付尾款了，李先生将该建筑公司起诉至法院，法院判决胜诉，他也向法院申请了强制执行，但执行过程中，李先生发现该建筑公司没有任何财产，法院也依法裁定终结执行。

一次偶然的机会，李先生了解到该建筑公司已经因为连续两年未参加年检，被市场监督管理局下发行政处罚决定书并被吊销营业执照，行政处罚决定书中要求该建筑公司股东组织清算组对公司债权债务进行清算。

李先生一行去市场监督管理局查阅了该建筑公司的工商内档材料，工商内档材料里有该建筑公司被吊销营业执照前的资产负债表，资产负债表上显示该建筑公司还有50万元的资产。

李先生认为该建筑公司的股东有义务承担赔偿责任。那么，李先生可以找股东赔偿损失吗？

针对这一案例，李先生可以找股东赔偿损失。

这是因为，公司被吊销营业执照后，如果没有进行清算并因此造成债权未能清偿，股东等须对公司债务承担相应责任。

《中华人民共和国公司法》规定公司可以自由退出市场体系,但这不等于公司身处虚拟市场。公司从成立到结束会影响到整个市场体系的安全稳定,还会涉及公司债权人及利害关系人的利益。

现实情况是,很多公司注册成本低、注销成本高,所以一旦公司运营出现问题,就不会对其加以管理,任由其变为"吊销未注销"的状态。但是,"吊销"并不是摆脱债务的途径和法定事由,公司股东等有义务限期成立清算组进行清算并办理注销。

具体到本案例,该建筑公司被依法吊销营业执照后,其股东应当在十五日内成立清算组并对公司进行清算。该建筑公司的股东在公司被吊销营业执照且经过法院判决后一直没有成立清算组清算,导致公司资产负债表显示还有 50 万元资产,所以股东有赔偿责任。

□ 关键知识链接 ---

《中华人民共和国公司法》第二百二十九条

公司因下列原因解散:

(一)公司章程规定的营业期限届满或者公司章程规定的其他解散事由出现;

(二)股东会决议解散;

(三)因公司合并或者分立需要解散;

(四)依法被吊销营业执照、责令关闭或者被撤销;

(五)人民法院依照本法第二百三十一条的规定予以解散。

公司出现前款规定的解散事由,应当在十日内将解散事由通过国家企业信用信息公示系统予以公示。

《中华人民共和国公司法》第二百三十二条

公司因本法第二百二十九条第一款第一项、第二项、第四项、第五项规定而解散的,应当清算。董事为公司清算义务人,应当在解散事由出现之日起十五日内组成清算组进行清算。

清算组由董事组成,但是公司章程另有规定或者股东会决议另选他人的除外。

清算义务人未及时履行清算义务，给公司或者债权人造成损失的，应当承担赔偿责任。

《中华人民共和国公司法》第二百三十八条

清算组成员履行清算职责，负有忠实义务和勤勉义务。

清算组成员怠于履行清算职责，给公司造成损失的，应当承担赔偿责任；因故意或者重大过失给债权人造成损失的，应当承担赔偿责任。

公司被吊销营业执照后，应当依法进行清算，只有清算程序结束并办理工商注销登记后，公司法人才归于消灭。这必须引起公司的重视。

吊销营业执照后的各方责任如下。

①公司营业执照吊销期间仍可以开展活动，判断公司是否存续，应当以其是否注销完成为标准，只要公司尚未被注销，即使被吊销营业执照，仍具有法人资格，从法律上来说仍具有诉讼的权利能力和行为能力，有权开展诉讼活动，有权以自己的名义进行活动。

②债权人负有举证义务，如果债权人要求股东承担责任，则需要用证据来证明公司在清算时还有资产，股东拖延清算导致公司财产贬值或者灭失，否则债权人的主张法院不予支持。

③股东申请免除自己的责任，应当提供财务账册，如果无法提供财务账册，将被认定为清算无法完成，在此情况下，股东负有连带责任。

④公司营业执照被吊销不影响股权转让，现行法律虽然规定公司营业执照被吊销后不能从事经营活动，但股权转让并不是经营活动，因此股权转让行为有效。

9.3　公司破产清算时的责任与义务

有些股东认为，公司被注销就代表着公司的"死亡"，自己不需要再偿还公司存续期间的债务，这样的想法正确吗？

钱先生从事轴承业务，与位于河北的甲公司有长期的业务往来。钱先生一直给河北的甲公司供货，双方对过一次账，甲公司欠钱先生货款80万元。

钱先生找甲公司要钱，甲公司的负责人赵先生对钱先生说，公司已经被注销，以后不要再来找他要钱了。

钱先生很吃惊，前往市场监督管理局查询，发现甲公司的确已经被注销。但钱先生从市场监督管理局的材料中发现了一个线索：甲公司在市场监督管理局的注销登记内档中有一份清算报告，清算报告中载明"公司的所有债务已经清偿"。赵先生等股东还出具承诺书："保证公司债务已清偿完毕，并承担由此产生的一切责任。"

钱先生认为甲公司在欺骗工商部门。对此，钱先生可以找股东赵先生要钱吗？

针对这一案例，钱先生可以要求赵先生及其他股东承担责任。

这是因为，公司被注销后，应当依法进行清算，清算程序结束并办理工商注销登记后，公司才归于消灭。如果公司存在债务问题，那么股东依然要承担相应责任。

结合本案例，甲公司未经依法清算，编制内容不实的清算报告骗取公司登记机关办理核销登记，且赵先生等股东承诺对公司债务承担责任，因此赵先生等股东应当向钱先生承担民事赔偿责任。

　　▫ 关键知识链接 --

《最高人民法院关于适用〈中华人民共和国公司法〉若干问题的规定（二）》第十九条

有限责任公司的股东、股份有限公司的董事和控股股东，以及公司的实际控制人在公司解散后，恶意处置公司财产给债权人造成损失，或者未经依法清算，以虚假的清算报告骗取公司登记机关办理法人注销登记，债权人主张其对公司债务承担相应赔偿责任的，人民法院应依法予以支持。

《最高人民法院关于适用〈中华人民共和国公司法〉若干问题的规定（二）》第二十条

公司解散应当在依法清算完毕后，申请办理注销登记。公司未经清算即办理注销登记，导致公司无法进行清算，债权人主张有限责任公司的股东、股份有限公司的董事和控股股东，以及公司的实际控制人对公司债务承担清偿责任的，人民法院应依法予以支持。

公司未经依法清算即办理注销登记，股东或者第三人在公司登记机关办理注销登记时承诺对公司债务承担责任，债权人主张其对公司债务承担相应民事责任的，人民法院应依法予以支持。

《最高人民法院关于民事执行中变更、追加当事人若干问题的规定》第二十一条

作为被执行人的公司，未经清算即办理注销登记，导致公司无法进行清算，申请执行人申请变更、追加有限责任公司的股东、股份有限公司的董事和控股股东为被执行人，对公司债务承担连带清偿责任的，人民法院应予支持。

办理公司注销登记，需要向公司登记机关提交相关资料和证明文件，只有在公司符合注销的实质与形式要件的情况下，公司登记机关才能办理公司的注销登记。公司注销就意味着公司法人独立地位的灭失，公司注销后原有债务消灭。

但是，认定债务消灭的前提是需要进行清算，公司清算需要向债权人履行法定的通知义务，并且进行公告。

现实情况是，由于通知和公告程序会使债权人加速催债，很多公司在清算时，股东往往通过虚假清算的方式来完成注销，以尽可

能地绕开债权人。公司未履行通知和公告义务，导致债权人未及时申报债权而未获清偿，债权人有权要求股东对因此造成的损失承担赔偿责任。

▱ 关键知识链接 --

《最高人民法院关于民事执行中变更、追加当事人若干问题的规定》第二十二条

作为被执行人的法人或非法人组织，被注销或出现被吊销营业执照、被撤销、被责令关闭、歇业等解散事由后，其股东、出资人或主管部门无偿接受其财产，致使该被执行人无遗留财产或遗留财产不足以清偿债务，申请执行人申请变更、追加该股东、出资人或主管部门为被执行人，在接受的财产范围内承担责任的，人民法院应予支持。

《最高人民法院关于民事执行中变更、追加当事人若干问题的规定》第二十三条

作为被执行人的法人或非法人组织，未经依法清算即办理注销登记，在登记机关办理注销登记时，第三人书面承诺对被执行人的债务承担清偿责任，申请执行人申请变更、追加该第三人为被执行人，在承诺范围内承担清偿责任的，人民法院应予支持。

想要真正完成公司注销这一流程，就必须做好以下几点。

（1）向债权人履行告知义务，公司清算时，应当自清算组成立之日起十日内通知债权人，并于六十日内在报纸上或国家企业信用信息公示系统公告。

（2）通知债权人时留好证据，公司的通知以书面的通知为宜，但如果以电子邮件或者短信的方式通知，应当就送达程序进行证据保存。公告则要求在省级以上报纸或国家企业信用信息公示系统完成。

（3）对公司债权人来说，其收到通知后，应当在三十日内向清算组申报债权，以避免损失进一步扩大。

（4）注销公司是个漫长又复杂的过程，如果想注销母公司，那么子公司或分公司都必须先完成注销，否则母公司肯定是注销不掉的，从流程来说，注销税务登记、注销营业执照、注销印章等每个流程都要登报公告，注销公司注定是个漫长的过程。

（5）关注股东的注销承诺，对债权人来说，还有一个很重要的维权法律文件，即注销承诺书。公司进入注销程序后，工商登记部门会要求股东出具一份注销承诺书，该承诺书里载明了股东对未清算的债务承担连带偿还责任，这个承诺书是帮助债权人维权的有利法律证据。